明清科考墨卷集

第五冊

卷十三
卷十四
卷十五

林祖藻 主編

LITERARY TIMES
蘭臺出版社

第五冊　卷十三

子夏曰可者與之其一

擬墨　王應樞象齋

恰如題位

一氣旋轉

門人首述師訓論交之同者也夫人必有與而與必擇其可子夏將毋與人同乎故門人首述之今夫人於藝德必有同好而況取為身心之助尤樂得乎勝己之人故一介之士無忘就正雖峻其防閑者未嘗不同此講求而於集思廣益之途先為諄諄也吾師子夏豈無所云哉想其奉至聖人為宗敬業樂羣久已觀摩於泗水經執德信道以還而離索有懷尚謝良朋之規諫則夫本得力以為教耳提面命統承樂育於西河當洒掃應對之暇而切磋奚自揔宜直諒之外繩子夏不嘗曰可者與之乎將欲實踐乎人倫則

悃愊無華者必當引爲同志夫賢覲君友之間吾師每三致意焉而爲已之儒卒副大聖之期許推此而至於交遊何在而非見真之地若曰惟此一二存誠之士猶以植綱常而翊名教爾小子庶幾奉爲典型焉耳時欲討論乎文學則篤實輝光者所宜亟直侍雅夫删定纂修之年吾師曾親侍側焉而詩序之傳終紹尼山之絕業由是而卬須我以安往而非考道之區若曰惟茲夙號宏通之彥頼以晰疑義而賞奇文二三子差堪與爲往復焉耳聲氣之感通如此其廣風梵輪而予實爲幽谷而求聲猶識新知有人焉乎其與之訢得聞其好者而特以他山之攻亦仍取益焉則無

端向往宍嬴景行而世路悠悠投贈芷佩又無煩多芸葉簡之信從自有其眞而心同而攀金一人行而得古風塵物色悲歎之證是可

飄飄欲仙

者吾其從之遊乎亦惟是麗澤相需祗尚絕乎清流則伊人溯洄遙望秋水而孤蹤落落結納會有幾人也要之明訓常存緬風人

別成雅偶

有德何妨遠隔人而語語維殷戒孺子其朋尤致嚴於比匪所聞於子夏人者如此質諸門墻識則有同乎

德垕圃先生評

一唱三嘆有遺音者矣

李壽軍先生評

利變端凝風神絕世

處處是平而正復處處奇奇身引經據典雅正清真　曉輪

抑揚往復歐陽子之文　羅可亭

大含細入雅韻欲流非數十年讀書養氣難臻此境　熊奧溪

命議遣詞中邊俱徹而清和之氣尤盎然紙上　胡理齋

華氣無敵

子夏曰可者與之 其二

擬墨　王應樞 象齋

於所與而致其慎賢者之爲門人也夫人孰無與而苟弗致其特肅有當乎可者與之子夏之爲門人已如此今夫人之所以重師友者謂其有所取法焉而相與有成也然必函丈之提命維嚴斯與若之交遊不苟人知親師之教兼資乎取友（是七字題文）不知取友之益蚤得於親師也則爲述子夏所云於夫子子夏望吾徒以身心性命之事非勤修察黨之所能成處其中以集天下之思其得力於同人之儕助者必大子夏處吾徒於聲氣感通之途無特知灼見以持其界廣爲此以觀衆妙之門而堪用爲我躬之箴規者在其

縱横　爲大

曰可若與之言其慎也統酬酢之輩而泛與爲緣應有長京勝收
之致而子夏則約以求之求之於千萬人而得其數人焉求之於
數人而參觀其行事焉雖深淺不齊而要可以爲模範將與之相
賞於流俗之外而相期於聖賢之歸此數人不爲少也盖教我以
無俗見參落之嗟矣感邂逅之孚而猝與爲構亦有追不及持之情
而子夏則徐以察之察之於一日而見其數事焉察之於數事而
復貞諸異時焉必權輿一轍而乃可奉爲則徵將與之講求於名
實之際而交警於歲月之馳此數事足終身也盖示我以無爲矣
豫之想矣正大見天地之情當萬類棼挐之會而不容擇故豪傑

衰之下。恒輩出而爲吾道之閑。其所爲表人倫而樹之式。挽頹風而翊使之起者。我子夏昔在聖門。於德行言語政事之班。以大其觀摩者。有明徵也。忠信爲下學所主。經師保叮嚀之切。而不能忘故友生之求。必慎選而謀可宗之品。其所爲進隨焉而措履不越薰陶淑德性有養者。予小子祗承明訓。於洒掃應對進退之餘而求其攻錯者。何敢軼也。故爲吾黨宏樂育。不得不需將伯之呼。爲交道植彝常。不得不重端人之取。如其不可則直拒之矣。子夏之教綦嚴哉。

德壓圃先生評

於前作外另出一奇立格之老持論之堅下一語抵人千百

李書軍先生評

振筆直書而雄渾之氣彌不可掩

命意則潔淨精微遣辭則約六經之旨題義透而題神自合顛撲不破嚴可亭

峻潔渾成氣勝則言之長短與聲之高下皆宜　熊露田

全神振動

子夏曰可者與之 其一　任鎮及

述謹篤者之所與要于可而已夫有其與之以可爲斷自擇交之正論也子夏所爲先進一鮮耳且茫茫堪輿物吾與也況文生哉（從脊骨鏤出）雖然顯比之吉自內自外要必有性情結契之真苟決擇未精而（筆力險峭）輕心相許不幾同于交臂失乎人倫藻鑑之謂何其亦無以昭示來茲矣子夏云何夫子夏若以朋友次于五倫則擇交宜衷諸一是與其交而後擇不若擇而後交則有其與之蓋其慎哉自爲儒而君子宗風熙靡尚調果品望可與樂晨夕則同人于郊同人于野搃視其人之所受以爲量自設科而西河文範豈一事孫芳某真

詞旨淺令人玩味

針對異字妙

修可與盟素心則泰山不擇細壤河海不擇細流捴不[illegible]味之或差今夫同途而共轍者左馳右驅迹相循也異曲而同工者唱予和于聲相應也車與輔相依固不可推挽之無自也主與客相制亦不可藥石之無資也可者與之小子所得于子夏者此其一說矣篤信謹守斷不肯為寬假之論以陂其度然而賞識有真若不啻饑渴將之者素慕乎直諒多聞之訓集思廣益尼山之薪傳如昨也則夫子夏之所與諒亦吾子之所可也倘片長之足錄而淡與漠以相遭其亦薄待吾君平矣德何不踰斷不肯泛為聲氣之求以雜乎宗然而道義相融若不啻性命以之者側身乎中行

狷之內有為有守洙泗之磨礱有素也則夫子夏之所可諒亦吾子無弗與也倘敬業以樂羣乃或因嚴而生憚亦自棄其師資矣故夫子夏之所可鑒獨精焉當黨同伐異最足為斯道之隱憂苟吾所為可彼亦曰可以斯而定乎可之分而可之界益混吾子夏離羣索居嘗深讜言不聞之恨則其所可並不在隨聲附和之儔且子夏之所為可力獨決焉參互考證乃足徵斯道之明備即吾所謂可而彼不盡以為可以斯而酌乎可之情而可之見益超吾子夏切問近思唯是以友輔仁之懷則其所可亦不嫌焉堅白異同之論夫惟于可者而與之切乃于不可而拒之嚴小子之稟乎

師訓有如此

鈎神攝魄倒影排空思深筆曲自在游行 鳳岩

渾融

擧空二比、以實見短幅之局

子夏曰可者與之 其二

任鎮及

述師訓者先論其所可焉夫可者與之則可見之分定而與之界嚴矣不可先爲子張述乎對子張曰小子從事子夏有年矣猶憶其諄諄命我于朋友之際者固非一端之所能罄也雖然今自得以覯正士敦素行庶不迷于術衡焉敢忘師訓之先資而不以子夏所云告夫子夏若以交道之難也必內不失己者而後外不失人必挾擇既精者而後友處乃當夫豈相與乎無相與哉亦先要于可而已且夫可者之百求而未易一覯也維子夏曰審之哉毋慕心乘之也千里百里何嘗不聞聲而相慕徙倚膝而不盡如吾

一入述詞不更恭門人一蹴此為純佇

如水之赴壑

意者有之矣抑可者之難逢而亦易失也維子夏曰慎之哉毋急心將之也傾蓋談心似亦可一過而不留往往出門而即得有功者亦有之矣是其人而與吾針芥相投也必其實吾氣類中人也而後與之言氣類是其人而與吾臭味相親也必其果吾金蘭之契也而乃與之訂金蘭總之以可為衡而不以與為快即令以與為切而必以可為分可者始與之也而可與可之者兩見真也可者即與之也而可與可之者亦兩美合也如是則無喪朋之悔而有得朋之慶矣不然毋寧高言孤介以自持慎勿過為寬大以取衆

可者繇與之可者則與之二意相承到此題義始出前作極蒼
時調終覺寬鬆此爲近之角記
摶捖知意絕去經營探討之迹固是大方家數陳堯書

子夏曰可者與之　吳騄

與必擇其可述師訓而意已嚴矣夫擇可而後與則與者僅矣門人述子夏之慎言交之寧待其詞之畢哉今夫離羣而索居吾師（發端便切）悔之而交誼篤焉謂非相與以有成者乎顧倫類不齊或難盡出（恰合題神）於一途乃夙承明訓而諄諄於同術同方者蓋其慎也子夏云何夫子夏固信以與交者也其必有所與也明矣自燕居[illegible]精以來（并對）摳衣負牆（借子張引題清切）大抵成德達材之侶乃設身以垂訓而所因所宗不勝鄭重分明之意揶西河設教而後執經請業實嚴洒掃應對之文爰垂範以相箴而可親可久早切叮嚀告戒之詞夫子夏之論交

惟其可而已矣里巷之徵逐嬉遊曰凡黎輩彼其自以為可者其果可焉否也必乍而接之徐而覈之果其德可相勸過可相規與味之既投而何有差池也乎（同心氣相求不著迹）（滌盡庸俗氣）子夏若曰譬諸草木是椒蘭也始可紉以為佩也已儒術之聲名標榜互相吹噓彼其共許為可者其信為可焉否也必始視所以繼觀所由果其于宗可以無吝出門可以有功宮商之相協而何[illegible]矣乎（風流）子夏若曰試求友聲是壎篪也庶可倡予和也已且其見與於吾者必其樂於與吾者也同人之行誼何憑一論其子習于某子遊于某不必俟深觀爾（議論開展有書卷氣）室而早知其趨向之必端蓋身與身相依必心與心相印也而猶

曰割席相違子夏固不若是之矯抑與之于一日者即與之以終身者也習俗之翁譏無定試觀夫始而相傾繼而詆謗不必俟懷怨谷風而應悔其結之太驟盍勿疑始可盍簪同心乃可斷金也而漫曰交滿天下（兩各異數恰好落下）子夏又不若是之寬請畢其詞曰其不可者拒之而後知子夏之所與蓋其慎也

是門人語意是門人述子夏語意體認題神字字熨貼至於典雅清切馨香珠玉自是君身有仙骨王象齋

門人問交先儒謂質証之意非疑其師說也廹狹處全在拒之二字若無交不如已豈亦可議耶篇中寫與字見慎重意下句

倌亭時藝

倌亭時藝

不擊自動踪莊流麗不染纖塵朱冠山

子夏曰可者與之　　吳壽昌

子夏曰可者與之

吳壽昌

言有無可疑者。門入對所必及也。夫門人豈并疑子夏可者與之之言。乃對子張即及之。師訓所在則然耳。意謂今者小子問交。夫子頋以子夏云何致問。交者貌相承之事也。必期於心相許則與尚焉。與者情相合之事也。必本於道誼高則可名焉。吾師子夏固自有明明指示者。小子輩非盡疑。而不信也。請得為夫子述之。今夫人之於與。孰不以為可哉。人之於可。孰不以為與哉。天下無與而不以為可之人。此可由與定。小子輩早得以意擬者也。及觀子夏之言。而知子舍可而別言與也。天下亦無可而不以為與

霜天曉鏡

神理兩得

蚤見交道。旬開町畦。

頰上三毫

輕放得妙

慮
之人此與由可小子輩俱得以理決者也及觀子夏之言而知
出題定肯　心思一縷
子夏非舍與而虛言可也蓋嘗曰可者與之矣則豈子夏之所謂
可即人之所謂可乎夫可固各有契合耳此見之而然未必彼見
之而然而既稱曰可是彼此不妨可其所可也安在矯矯自命如
卜子口吻以二語盡
子夏遂謂無一愜心之倍邀其題品耶果有可者不得不出於與
之之妙析多致超味無窮
在人則本有與之之心而可者如遇目前在子夏則本無與之之
心而可者如獲意外也則豈子夏之所謂與即人之所謂與乎夫
與又自有分量耳深者之相處不同淺者之相處而要稱曰與是
淺深莫非與其所與也安在落落寡合如子夏顧謂得一握手之

歡遽爾周旋耶必欲與之不得不出於可在人則可者之數常多而與之殊覺有餘在子夏則可者之數常少而與之祇形不足也蓋子夏處小子輩之茫無所與也而顯為揭之使知可者之歸於與斯世乃盡消孤立之形子夏言之小子輩曩時志之久奉為不易之經矣設子夏止此（眉後敘）一言直無所於疑耳且子夏處小子輩之泛有所與也而切為按之使知與之之專於可（妙義在一轉換間）吾儒乃獨受觀摩之益子夏言之小子輩今日憶之猶據為平情之準矣設子夏盡（更）如此（精妙）言應無所待質耳然而子夏有言不可者矣其於不可者豈特曰不與之已哉（分明之至）亦有拒之說在

門人不安其師說只在下句說得太峻厲此句原無語病他人亦見及此要未能特爲醒出得此乃實獲我心又題意須合下句看出亦人所共知獨從子夏曰三字討消息則作者手眼自出觸處皆成妙緒也 劉研莊

遺貌追神超凡入聖不圖是題有此異觀 厲晴盧

巧笑倩兮

笑而巧也、當非飾為巧者矣、夫笑者常情而未必巧也、彼笑而倩者、是豈飾為巧者耶、若曰、甚哉詩之工於為賦也、故意有所愛於是人、而曲致其形容、以傳其所難傳者、不徒稱其族類之貴、誇其服飾之盛、并即其人之笑貌而寫之、惟肖非日親承色笑者不能得其真也、嘗試誦碩人之詩曰者、莊姜無寵、衛人所為賦碩人也、而詩人則曰、吾之婉惜夫碩人也、我竊見其頎、我則笑奚受傷其不少乎、悄悄憂心、常恨齊飛之無自、窮言不禁、自難得識笑載言也、曰古處難難望乎、我思古人、亦有無說之善也、實獲我心、竊嘗閨言笑宴宴之時而不見夫笑之巧者耶讙浪笑傲我寡君有此疾矣彼中心是悼夫亦傷其暴耳而碩人之頻笑不輕者非故爾矜持也怡然以解偏工莞爾之容珮玉巧笑我淇泉爰此風矣而女子有行恐或流於蕩耳若碩人之笑容不苟者非漫爾尊嚴也欣然有得曲盡解頤之態笑之巧也何其倩乎非無膏沐可以為容而笑之抑揚而婉轉者覺齒頰之間微傳其若離若合之致於自然之極麗即覺無翟茀是以為飾而笑之婉約而優游者覺啟口之際每留其將絕復續之情不殊尤而絕世矜由是樂然後笑而領如蝤蠐者愈增其好迨至笑語卒獲而齒無瓠犀者益見其

妍碩人洵美矣夫

註云逸詩朱子或問却云即莊姜碩人篇欲通篇俱指碩人説不刻畫倩字無當也刻畫倩字不與素絢激射忘却此句為下文素字之案人何涉耶文故刻畫倩字而又能激射素絢嫣然媚秀可謂文有賦心

巧笑倩

美目盼兮

質之美者於目之盼而益見矣夫人孰不有目而能飾焉為美盛而為盼乎逸詩所由總於笑而咏也乎其遙之意謂嘗思莫非之風人以有美而遠頌而形容其美者惟及霞於清揚之婉焉非以其不勝言之其目之美而其人之美可見也其目之所以美而其美之得乎天而非人所能為也亦復可識乎及逸考逸詩而繼以笑而承者其詞亦不當類此蓋人之作儷也豈必皆相仰以笑而要無不相遇以目是目不與笑為緣也然使觀其目而不足以稱美之巧將笑亦奚其少致矣而人之善讚也曰既見於笑之容必

詞華秀媚文

評選

詞華秀媚文

非亦傳其笑之觀是笑又以目為用也假使觀其目而不足以觀
笑之巧即笑亦覺其無情矣所觀於遊詩不更味其目之美乎不
更殊其目之美而盼乎危人一身之內苟求其美必假乎物以飾
之而目獨無可飾故耳則玉之瑱也髮則象之揥也而曾有物焉
為目之飾者乎然正惟不可飾而其美皆天也詩若曰眉睫之地
不能為功矣而嫵然而媚者何復湛然而明也則其天之所自呈
誠不止揚之皙揚之頮也已凡人一身之內有美難言必托乎物
以比之而目更無可比故首則以為如螓也眉則以為如蛾也而
惟有物焉為目之比者乎然正惟無可比而其美愈真也詩若曰

神明之用蔚於擬似矣而娟然而秀者轉覺其炯然而別也則其
真之不可掩弁不止目之揚目之清也已由是而睎燕羽之差池
目亦必形其繾綣望復關而泣漣目亦必寫其悲思而無非此美
且盼者寄情於是睇盼斯美也即非巧笑之瑳不已憬傾人之貌
也哉由是而涉淇送于日亦必的其許望之神見此良人目亦必
盡其綢繆之致而無非此美且盼者流轉于髮悴視斯美也但使
縞衣聊樂即無美如雲之麗也哉詩若曰其盼也亦其素也而吾
將疑其即以為絢也

刻畫盼字似遜巧笑篇小語語為素字作地則此文為勝綴襯

韻華秀媚文
亦饒有秀色兩美良用並行

詞華秀媚文

亦饒有秀色。兩美良用並付。

姜目騐

巧笑倩兮　絢兮

絢不可爲而可爲、君不能作倩盼觀也、夫倩盼素也、而自詩言之、即以爲絢也、故子夏述之曰、竊聞之古詩三千、僅存三百、其他散佚之章、往往置弗道焉、而不然也、天下生質之良與致飾之美、天與人常相半、而未有以天之所賦、即目之以人、而遂以質之所存即等之于飾、如逸詩所稱者、商何奉夫子刪詩之數、其存焉者宜亦業也、其逸焉者亦不欲慕也、夫古者騷人逸士每多託興之詞若夫彼美、而前清揚、宛在則不媚比物連類、而第質言之則亦推上於賦形使讀其書者雖千百世下、如挹其丰姿、如覩其婉孌、以爲

詩華秀錦文　　論慧

天生畢覽雖無河山象服之飾處我治容之足羨而已矣而以今觀逸詩所云則有不盡然者其襯巧笑而形容也若以同是笑而（安插上二句）莫盡其嫣然之致同巧笑倩兮然是倩乃素也而非絢也其接美（以觀起下素以爲絢）目而留連也若以倩是目而莫名其傾國之姿曰美目盼兮然是盼也亦素也而非絢也是則笑雖巧亦僅謂是笑之巧而已而謔（就上二句反跌起下末句）有人焉指之曰此巧笑之笑即佩於之餘也歟不以爲倩盼之無當目雖美亦僅謂是目之美而已而幾有人焉異之曰此傾盼之生姿即如雲之綺麗也誰不以爲比況之失真而詩且繼倩兮而詠之曰素矣而不僅言素也即繼倩盼而詠之曰絢矣而不僅言

絢也且繼倩盼而兼咏之曰素絢矣而更不嫌兼言素絢也一若必人而倩盼也彼終窶者或慮其所不足而不必慮也其含章亦已（相相有致）美矣故人驚其窈窕我獨羨其華靡而羨雖跡之於副笄六珈之列一人而巧笑美目也彼服豈皆恒儀以所有餘而無容數也其被服亦已盛矣故世惜其少文我獨欽其温雅而羨章得覩夫朱績璧幣之儀故素與絢相反也而詩遂見其相合（傳寫蘭秀）素與絢兩途也而詩若得其一致曰素以為絢兮洵斯言也則是上古之污樽坯飲即無異於文明而當年之幻焉素車亦不嫌其淡漠矣商敢述之以質諸夫子

詞華秀編文

詞華秀媚文

題圖在第三句然須上二句安放停妥也。行文如春雲變態。舒

卷自如。絕無作意經營之迹。

訶芙待

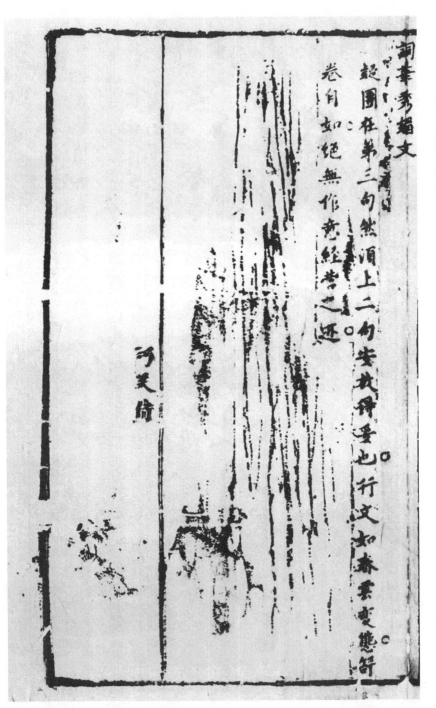

巧笑倩兮

詠巧笑者取其自然之巧也夫笑者常也而巧者鮮矣笑以倩稱殆其自然之巧乎而子夏之首引及之也何居其意曰吾意中有迫欲解之一事而將為援引以待解於夫子誠以身為學者而有所未盡解其求至為吾黨之所竊笑者幾何也而匪第吾黨之竊竊然而笑也必且貽笑於千載以上之風人矣何則昔人之頌婦職也不有首稱其巧者乎夫外之以馭焉也才識為要內之以理陰也智識為先故貴在二事非巧弗貴事在蘋蘩非巧莫施禀閫中之教勤雜佩之文非巧亦莫之優然則巧固婦道之所首重乎

哉然吾觀自古迄今巧於御六宮者往往挾其聰明以邀寵而遂以聰明誤國巧於宜家室者或且恃其濬哲以輕試而遂以濬哲招尤陰教失職終貽萬世之口實則豈非其過於巧之故耶而此則巧而適值之於笑也而因遂咏之曰巧笑夫人之以巧自見者不一矣或則巧於智而心思日出而不窮或則巧於辯而言滿天下而不惴或則巧於材而技能肆應而無方茲則獨擅其巧於笑也淑德所鍾偏自形於色笑之間即人之偶感而為笑者亦不一矣或則爭存乎切要而談笑之勿輟或則情有以自娛而宴笑之各得或則志甘於屈己而頻笑之弗辭茲獨擅絲於巧笑也幽閒

所著偏自呈於笑貌之餘從來婦道之所需以柔爲率謔浪笑敖近於剛矣不可訓也茲乃勿傷於蹤而有從容之度勿即於淫而有荣不之風柔何如也則倩何如也此豈強而致之歟抑其柔心之本乎天者然歟抑從來婦道之所尚以正爲衛嘯歌自得隣於妄矣非婦職也茲則無心以相觸而自有其端莊之品即有意以嬉遊而仍存其貞靜之儀正何如也則倩何如也此豈學而能之歟抑其守正之成於性者然歟闡之王內之官有統御夫婦德婦言婦容婦工者而不聞笑亦列於婦學之法也而當日乃必以笑語爲形容之藉闡之家國之間有因淑姬之一笑而頓廢者似笑

瞿[illegible]穀時文　論語

非所宜也而當月乃必以言笑為擬議之端繼咏之曰美目盼兮

商猶易解也而商所未解者則在素以為絢耳

才情絢爛如天花亂墜小題妙品

巧笑倩

巧笑倩兮　其二

笑以倩稱將者亦解其咏巧笑也夫笑亦常耳然以倩稱其殆善形其笑者乎則子夏之所解者乎想其問之意若曰弟子之執疑以問於師者誠以疑之迫而為問即智者無所施其巧也一旦問焉而得其解將智巧於以頓萌而聰明由之可擴則端賴吾子之神其指示以觀吾黨會心之巧拙焉猶憶夫子博覽篇章而其所刪而逸之者有云巧笑倩兮尚傳誦之不忘也夫人之外以持世也才猷為要而思古人而弗疑遇學業而克進其大較也而詎在乎聲音笑貌之微以求工巧之堪誇若內之而理陰也智識為先

而或則見之於事為或則形之於動作所弗遺也是正在於色笑相將之際以覘淑德之昭宣雖婦學勤二事之作固自有所司也亦自有專責也舍要務而相率以笑豈有當乎所以汝濆江漢之間繼有懷春之士女而不聞笑語之殷勤誠以謔浪笑敖稍有不及自檢者笑即為淫佚之階然婦人主閨中之事外無所司也餘亦無所責也女紅之暇而偶形於笑能自禁乎披覽衛風碩人之章即以莊姜之貞靜而亦傳巧笑於騷人則知偶爾嬉遊固有勿流於蕩者笑即著幽閒之懿觀篇什所陳有載笑載言者有爰笑爰語者似笑必及於言也茲何以僅傳其笑也有意無意之間固

以笑盡流連之樂有言無言之際又以笑留不盡之神夫是之謂倩也而已矣觀歌咏所垂總角之宴言笑晏晏兄及弟兮咥其笑兮似笑必有其侶也玆何以僕傳其笑也誰為相對於由房而以一笑昭其諧媚或則感動於懷思而以不遽笑者懼其貽羞夫是之謂倩也而已矣從來觀婦德者以靜窺婦容者以動故笑乃適見全體之安閒自古窈窕戒夫尚口淑女取乎柔嘉故笑亦可卜終身之福履玆之笑而倩也正其笑之倩而巧也而統之美目之盼則素也而反以為絢則何也

的是倩

筆情秀麗想見名士風流

瞿幽穀時文

論語

巧笑倩 其二

巧笑倩兮 二句

賢者誦逸詩而爲之倫舉其辭焉夫聖門之於詩即一言而不忽也豈曰逸之者而可置乎昔子夏之在聖門固得詩學之傳者乃一旦有叩於夫子而言曰商也不敏竊嘗游心載籍而知詩之教之深也大抵其寄意而屬思也（上二句）即形容至纖悉而不遺而其指事而屬詞也凡舉類（末一句）皆分析而可曉（以扣住本題）此則作者之体自無不然也而顧有不盡然者蓋亦嘗肄業及之而未敢以忘也（上二句）今夫須其人者（末一句）不過即其人之所有以修之而無加於其本然之天乃僅足之以己之意而極其摹擬之情則有肖有不肖焉而詩必無不肖也且

夫須其人者不敢發其人之所具而畧之而或失乎其自然之質
上二句
而循申之以己之說而致其詠嘆之思則可風亦可雅焉而亦式
本一句
在當前
無可據也乃為之述其辭而不以為繁盡其說而不以為近者則
必有據
必有在矣蓋嘗觀夫詩人之致不遠道其所然輒比物連類以啓
横空雲起
其端而後意中之所欲言者乃相引而出若夫一矢口而即以直
陳其事至于揄揚之既盡而後有託而形焉而忽有箏分齊量之
行血
承下句如剝影
觀難極為稱引而殊未然也然而其言已往往及之矣亦嘗觀夫
賦家之心偶欲寫其所見必深切著明以白其旨而後意中之所
攻思者乃一覽而得若來說已工而忽以混淆其辭至于不同之

極致而不雜相附而稱焉而觀其一唱三嘆之間豈故為倒視抑或漫然也然而其言已往往若此矣夫彼此之間分而不可合者物之理也必强合之則失所以為物貫文之際二而不可一者人之情也必一視之則失所以為人今為詩則曰巧笑倩兮美目盼兮又曰素以為絢兮

庚申正月讀書山寺雨雪初晴溪梅盡放偶坐溪中石上頃刻而成此篇後來遍視友朋惟雪皋極為賞歎且批文尾曰清真之極刻露之極在雪皋不無阿私所好然此文素解人實難也

自記

此玉真峯頂梅也。和氣之液。洪濛之雪。搆爲花。骨世不得聞。仙不得識。韓慕廬先生

巧笑倩

〔子夏問曰〕巧笑倩兮　三句（論語）　戴名世

巧笑倩兮　三句

賢者誦逸詩，而爲之備舉其辭焉。夫聖門之於詩學，一言而未悉也，豈曰逸之者而可置乎。昔子夏之奉聖門，固釋詩參以佚義，乃一旦有叩於夫子而言曰：商也不敏，竊嘗游心載籍，而知詩之教之深也。大抵其寄意而屬思也，即形容至纖悉，而不遺；而其指事而屬詞也，凡舉類皆分析而可曉。此則作者之體例，無不然也。而顧有不盡然者，蓋亦嘗肆筆及之，而未敢以忘也。今夫須其人者，不過即其人之所有以修之，而無加於其本然之致，乃得爲之於之之意，而極其摹擬之情，則有肖有不肖焉，而詩必無不肖也。且

〔末一句〕〔上二句〕〔扣住本題〕〔上二句〕〔末一句〕

頌其人者不敢移其文之所具而畧之而或失乎其自然之質
（上二句）
偕申之以已之說而致其詠歎之思則可風亦可雅焉或
（末一句　在當時）
無可據也乃為之述其辭而不以為繁盡其說而不以為近者則
（必有據）
必有在矣蓋嘗觀夫詩人之數不遠遺其所然輯以物連類以落
其辭而後意中之所欲言者乃相引而出焉夫一矢之所以直
陳其事至于揄揚之跡盡而後有說而形駢而忽郁等分齊量之
（求不可和劑影）
觀雖種種種引而錄來能也然而其言已往之反之矣亦嘗觀夫
（得）
賦家之心偶欲寓其所見必深切著明以白其旨而後意中之所
緣思者乃一變而得者夫說已工而忽以混淆其辭至于不同之

極縱所不能相附而稱焉所錯其一時三寘之間莫執為倚藉指或漫然也然所其言已往之若山矣夫彼此之間分而不可合者物之理也必強合之則失所以為物質文之際二而不可一者人之情也必一視之則失所以為之而詩則曰巧笑倩兮美目盼兮又曰素以為絢兮

庚中正月讀書山寺雨雪初晴溪梅盡放偶坐溪中石上頃刻而成此篇後來遍視友朋惟靈臯極為賞歎且批文尾曰清真之極刻露之極在靈臯不無阿私所好然此文索解人以為訛

自記

此玉真峯頂梅也。和氣之液洪濛之靈搆。剏花骨。
不得識韓慕廬先生

巧笑倩

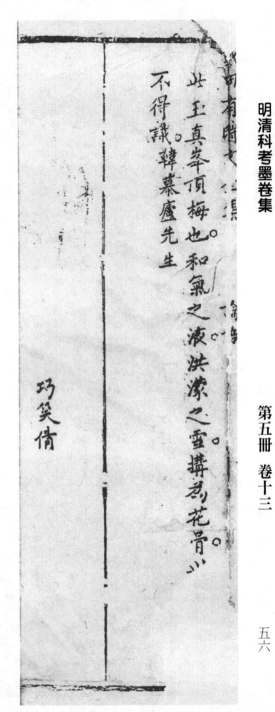

執

巧笑倩兮美目盼兮

科入黃陂縣學一名 王 城

賢者先述倩盼之咏若以質已有定焉夫笑也胡為而巧目也胡為而美咏以倩盼其質不既有定乎子夏蓋先述之也曰今以形質之在人也使賦物者先未即其質以明言焉則雖偉麗之姿亦孰從而擬之哉乃一再言之初不外乎本來之面目試取其歌咏而首述之寧曰指歸尚未有定耶夫逸詩之中不有云巧笑倩兮美目盼兮者乎使詩而止此兩言也則何煩為詩辭也其人如是詩即如其人以道之情無餘乎辭也則美先見也乃詩而非止此兩言也則又何得為詩諱也其言如是而吾先即其言以思之文

未足乎志也則言有序也今夫妍媸異態好醜殊形者造物之智
也而鮑劉可風清揚宛在者雅俗之宜也事堪辭顧而流為謔浪
（絕好文情）
則無情人本善睞而托于脾睨則不類吾乍讀詩吾即謂詩得之
矣因掩卷而歎曰此巧也美也倩也盼也殆非人所致而其質固
如是乎蓋官骸之粗大畧相似而惟笑不可飾善乎巧也使飾為
（精刻）
巧則拙反勝矣詩之咏倩何其不傷于巧乎撫斯倩也能勿欽天
然之秀耶血氣之用旋亦無方而惟目不容偽存乎美也苟偽為
美則陋有加矣詩之咏盼何以如見其美乎睹斯盼也能勿嘆生
是使獨耶吾于是知其人之質如或傳之也造不雕不琢之初已

〔子夏問曰〕巧笑倩兮美目盼兮（論語）　王城

具此嫣然睞然之態則雖有別於其巧別炫其美者何從掩其真
也而所稱殊尤之品有如此笑矣有如此目矣且于是知詩言之
頰上添毫
旨已發其端也淺形容擬議之際直為深切著明之詞則雖有欲
施其巧欲效其美者何還忘其本也而所為敷陳之義大要不外
目送手揮恰好是引述二句
此倩矣大要不外此盼矣詩即欲進為比例焉當亦不過曰素耳
而孰意不然
秋水澄鮮丹林掩映在畫家可稱逸品

巧笑倩兮美目盼兮

王克任

述詩之咏美質者而及於倩盼焉夫笑何以巧惟其倩也目何以美惟其盼也詩亦工於言質者歟以為從來稱麗人者曰美而豔此固合姿態以為言者也夫態猶參以人而姿則全乎天但使相對歡然而宜人於一顧未嘗不歎天之生是使獨也（顧字處亦饒神韵出天才）何則情有七也而笑以節喜官有五也而目為最良（月字雋絕）論女子之善懷則啓口而笑者百年亦無幾目然爭妍貢媚之際覺顰猶可效而笑乃獨真矣想淑人之當宛凡光華奪目者何在不可移人然蛾眉螓首之容覺形猶可擬而月則神傳矣今吾之所見者倘所謂巧笑非耶巧拙有何定形亦惟

人所造耳獨是情非善謔而強以笑迎則巧也猶之乎拙矣茲則胡以巧也想不待御以如象而嫣然者自驚爲獨絕也抑所謂美目非

用如象射雉事非切

耶美惡奇何定評亦惟人所妍耳獨是誨以冶容而致來目送則美也滋增其惡矣茲則胡以美也詠不必相期零露而婉如者自與子

亦嫌切美目

偕臧也今而知笑之所以巧者殆以其倩也乎感其輔而婉孌自若

刻畫倩字

可以解頤緩其頰而端好自如豈同見齒蓋態自生於笑之頃而婉且溢於笑之餘抑何巧也今而知目之所以美者殆以其盼也乎炯

刻畫盼字

然若流波之濯而涇渭自分瞭焉表睟乎之良而清揚可從蓋色已彼於目之中而神且流於目之外抑何美也隱若而人也雖歡情未

用神

迎而精彩相授倩與盼已有各擅之奇況明眸善睞而曆輔承權倩與盼又有合著之美彼何人斯若此之豔也此固天之所爲而非人之所能也

倩盼二語最[illegible]描摹每下一字無不窮神盡致文亦如插花舞女飄飄欲仙矣　原評

秀而無骨易近於媚典而不切遂入於浮文無二者之病而步步見得他自然使與下句關會勿徒賞其錦心繡口爲俗筆不能及也　瞿幽新

巧笑倩　王

巧笑倩兮美目盼兮

河南督學宗師歲入
太康縣學一名　王克任

述詩之詠美質者，而及於倩盼焉。夫笑何以巧，惟其倩也；目何以美，惟其盼也。詩亦工於言質者歟。以為從來稱麗人者，曰美而豔，此固合姿態以為言者也。夫態猶參以人，而姿則全乎天。但使相對歡洽（頗○盼○[illegible]○亦○[illegible]○雅○韵○；出○笑○字○）而宜人，於一顧未嘗不歎天之生是使獨也。何則？情有七也，而笑以（[illegible]○字○態○絶○）歸喜；官有五也，而目為最良。論女子之善懷，則啓口而笑者百年亦無幾，目然爭妍貢媚之際，覺顰猶可效，而笑乃獨真矣。想淑人之窈窕，凡光華奪目者何在，不可移人，然蛾眉螓首之容，覺形猶可疑，而目則神傳矣。今吾之所見者，何所謂巧笑非耶？巧拙有何定形，亦惟

章　論語

人所造耳獨是情非藝謔而強以笑迎則巧也猶之乎拙矣蔑則胡以巧也想不待御以如來而嫣然者自驚為獨絕也抑所謂美目非（用如來對惟字妙）耶美惡有何定評亦惟人所妍耳獨是誨以冶容而致來目逆則美（亦笑之美目）也遽增其惡矣茲則胡以美也諒不必相期零露而婉如者自與予偕臧也一笑而知笑之所以巧者殆以其倩也乎成其輔而婉孌自若（刻無倩字）可以解頤綏其頰而端好自如豈曰見齒蓋態自生於笑之頃而趣且溢於笑之餘抑何巧也一顧而知目之所以美者殆以其盼也乎烱（刻無盼字）然若流波之濯而涇渭自分瞭焉表眸子之良而清揚可擬蓋色已皎於目之中而神且流於目之外抑何美也噫若而人也雖歛情未（用神）

迎而精彩相授倩與盼已有各擅之奇況明眸皓睞而靨輔承權倩與盼又有合著之美彼何人斯若此之豔也此固天之所為而非人之所設也

倩盼二語最難描摹每下一字無不窮神盡致文亦如插花舞女飄飄欲仙矣　原評

秀而無骨易近於媚與而不切遂入於浮文無二者之病而步步見得他自然便與下句關會勿徒賞其錦心繡口為俗華不能及也　瞿幽栽

添思綺合佳麗芊眠宛然屈宋之遺音也

巧笑倩兮　三句　　王思訓

賢者讀逸詩而三述其辭焉夫倩盼素也非絢也忽以為絢商不忌而遂述是詩也因自夫子之以詩教也商亦業焉則不敢以為子之所刪也者而忽之人何敢以為已之所遊也者而遂忘之逸

（首出上二句甚合）

詩有矣巧笑倩兮美目盼兮輕逸遊揚其風之衛變莫得而考也夫美碩人者盡其態必得其神乃使人嗟咨慨慕想見其嬿婉之姿今其詩之詠倩也恍如巧笑者在我前焉其詠盼也恍如美目者在我前焉傳之何其真也雖然額如舜華而瓊琚是佩膚如凝脂而象服是宜有其質者必有其文自兩事耳而逸詩又曰素以

（寫真妙訣）

（鍊字妙至此青蓮舌上生）

（于百尺竿有此警策止因滑讀為字耳）

王思玉稿

先輩此意在前妙與下文有關照

為絢兮亦猶蒹瑞誦太夫之服元黃歌公子之裳也耶而不然也（半泰半虛）一若素而以素視之則拘矣不必素自素而絢自絢也一若絢而於絢求之則陋矣不妨指素為絢而指絢為素也始商以為文采（遠姿情妙色鮮之下欲去從留古情逸極）質自兩事耳孰知夫性情之淑即膏沐之容也孰知夫縞綦之裳即雲蔡之麗也孰知夫清揚之婉即胡然天而胡然帝也倩耶盼耶欲視為素而不視為絢得耶商謂是詩商疑是說矣

姚麗風華可奪徐庾之筆　馬宣臣

得神情於筆墨之外寫生妙手　錢詡閑

但戀歌舞歌化作彩雲飛何其輕倩娟妙也　吳翔山

許有

奇花生重萼○惟見其妍麗不見其繁褥○又復神趣欲生○可謂雙絕○劉大山

巧笑倩

王疇五稿

論語

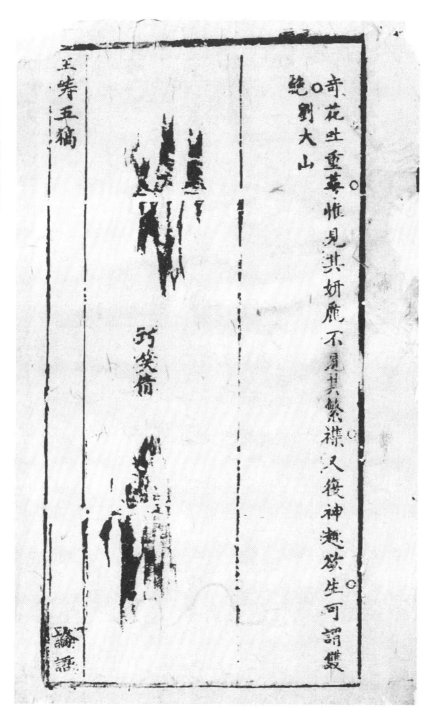

巧笑倩兮　一章　　附　王開藩

論詩而忽通于禮善言詩者也夫商疑素絢之詩何嘗有禮後之見乃聞繪事之解而忽通焉言詩者今商雖與哉且詩之義長于變者也誠通乎善變之義則始或凝滯而不得乎詩之解究且觸類而不止得其解于詩乎不止得其解于詩而詩之變以相引而愈出而讀詩之變亦相長于無盡聖門以詩鳴者商也昔者夫子刪詩嘗命序之則是可與言詩者固莫如商邪一日讀倩盼之什深有疑于素絢之指哉然此正商之善言詩也商以為一義不求其變而古人之旨不白雖欲讀詩而無由一詞不得其通而我心

之滯不開遂曰繪詩而徒學焉殆異夫子以一言發詩人欲言之意乎至子言出而商辭矣而商悟矣商且不僅與于言詩矣瞿然曰有是哉予以繪事後素言詩也而商忽有見于禮焉而也曰習夫周旋進反之文從璧玉帛之儀幾以為一身之禮已[illegible]乎此而豈知固有無形之素以立于其先是何異入匠室以繪[illegible]繢之煇煌皆其踵事而增加者也然則禮固人心之繪乎而[illegible]觀夫朝廟會盟之節聲明文物之隆殺以為天下之禮已止于此而豈知猶有無體之素以居乎其總是何異進工人而問采章之粲爛無非繼起而緣飾者也然則禮固先王所以繪人心者乎後

繪事句借子夏口中。不用分疏妙

併入此賁句與繪執素兩化一齊割斷處妙

妙句

更妙

乎非夫子言之而商何以知之乎然夫子固與商言詩
禮哉即商亦與夫子言素絢之詩也何嘗言禮哉而言
詩者不當如是耶宜夫子有起予之嘆也蓋詩之旨原變化而不
測特未嘗預定旁通之處而迎其机以相待乃商也聞言觧悟之
下别有會心直探乎太素之原而以禮為繪一若早有相待者以
不黏滯詩妙
觸之而即動也讀詩之趣貴變動而不居特不可預為更端之想
而擇一類以相比乃商也引伸不盡之餘忽經創獲如見夫絢素
之初而以繪視禮不嘗有一相比者以符之而自合也甚矣商之
善于言詩也商其可以詩鳴矣

〇子夏問曰巧　全章　　十三名　王訢然

賢者每讀詩而得相引者机焉夫素絢之疑固機所觸也即繪事以導其机而機乃通相引矣禮後之悟謂非深于詩者哉今夫詩之爲教因情之所發亦機之所感也而惟善讀詩者乃克引其机于不窮故機之忽啓迎而導之僅以析其解于言中而機之頓開會而通之即以神其解于言外機以引機而教者爲善教亦學者爲善學已昔聖門子夏嘗以詩教傳意其于詩也固已觸類而得其机乎頑學者之机多生于滯疑而教者之机每深于善悟一日者子夏讀倩盼之章至素絢之句而机若爲之忽動焉古人吟咏

二佔二机字乃全是關繪夬巧絕論

一一分注覺觀天巧

丁夕科鄉試文未　江南

一言必有其歸一字務求其當後人固未可以輕心掉也而竟何以義有弗貫乎抵素于絢自有顯為別白之致而渾絢于素若作合同而化之形按其所以而其所謂為者直莣乎無解耳夫理無所引索之愈封見有所狗叩之益錮也商是以心為擬議而動于机者覺疑義之不容蓄也乃夫子聞之而机若為之相迎為詔人著作意有其至微語有其至簡後人要可以推類求也而獨何以解有未通乎因素以別乎絢徒泥夫渾同之說即繪以驗乎素一程子次第之施惟明其所為事而其所謂後者自昭乎若揭耳夫運之所當直達焉而焉以開中之所閟幽暢焉而鑰斯啓也子是

以提詩旨解而導以機者覺指示之無不該也乃商也領之而禮
且以之損闕為先王緣人情而定禮升降有其儀拜跪有其文固
小小慨然得好。後字知未妥也。二齊明而透快
不問後人之踵事而增也然而已為後矣故一言事而天下之類
推之入情義可玩實闡快談
于事者悉貫一言後而天下之屬于後者皆通蓋理無可圍旁通
為而境自廣心無可滯引伸為而悟自神也商是以讀然意遠而
觸于機者覺學問之廉有窮也乃予也嘉之而機且為之交暢焉
吾覺酌風雅以言詩質文分其序華實辨其基固不恃一卷之抱
殘以守也然而商已起予矣故予以繪指絢而絢之後者自明商
以禮証詩而禮之素者亦在壚無可拘搏牖為而禮亦有繪也解
真可刪華存寸

丁卯科鄉試文起

同於文爛至

無可執逆溯爲而詩先六素也予是以遂然神怡而悟于机者覺斆學之均有益出厥後西河詩教而流連篇什其得意忘言得言忘象吾不知化机更何如也

欲以一字攝全象無苦搽起從我此却分條撒蕊無一不妙覷天然于人所能到之意皆跳脫出之人所不能到之義無不應闢言之此亦机所偶到而不可以人為者矣作者清肌弱骨仙仙如不勝衣而嗜學汲古孜孜不倦寔足為耘渠先生繩武讀此篇益嘆岱淵之矩不盡也　脩大

自出打机通身一線轉轉關生自是有家學有家數文字味芑

子夏問曰巧笑倩兮　一章

六名　王鳴盛

不離詩者亦不滯詩、猶詩之微矣、夫商未嘗舍詩求悟也、顧繪事
僅以解絢、而後素即以悟禮、則不滯詩者能無許其言詩哉、且拘
儒讀數書而未究一理、通人徵數理而不外一書、乃知載籍有靈
源隱於妙緒以相待而推學與識兼者為能忽啓其扃于理解旋（健筆淩空）
通之際蓋有學而簡編不廢研摩有識而機緘自然濯磨聖賢相
印以心正從絕不相關之處倏由窒以得通而其人乃自與遠也
如子夏是已章句[illegible]賢之餘事而所悅深焉則參互考稽皆寔
（有筆有孔入引手以成精拔斷不可虛　俊平遠詩若）
學也棄與冊而不求甚解學且縣而示人故撫[illegible]而析其疑義

訃𢽾謂創獲必出乎師心一性靈以無彡㣺善適尚思運之則計

誤質疑皆通識也以前而拘于其𧯂識且膠而易錮惟領片語

而資其引伸寧得謂專門盡拘于訓詁一故倩盼之詠蓋言素也繼

以為絢蓋言後也商豈茫無半解者而必進叩所謂其言詩詳容

一天入素収決

如是及子以繪事明之而商乃會心更遠也一今夫事之有待于為

貫血脉旋为筆動但綜事已提明礼字非未約出這用対拳似

者何處而非後焉者哉一例必援其所最切商取素絢而並為一談

为但袂緩纖後又直点起于意将礼後句公出入安矣

則綜纂雲蒸遂至渾然而無分試觀作繪肇開虞后繪西記諸考

工而一染為縹三染為纁始覺炳如縟繡夫乃知有為必有其事

肓事必居其後大抵然矣粉黛祇益其天姿而丹青不先乎向質

斯亦比例之最切者也理每通于所由合夫子取繪事以譬而
喻則漢瀣濃華原自彩然其有序推之萬端必返其初羣動皆從
其朔而太圭不琢太羹不和此意悠然可思夫乃知天下無為之
非事則亦無事之非後繁知斯耳細而斧藻無凌節之施組而經
而有核原之論斯又名理之妙合者也子能勿躍然於起予而許
以言詩哉蓋言詩有不學之患尤有徒學而無識之患頓悟之神
明必憑所學而現非素絢而繪于何托非繪事而禮亦空懸此中
文巽酬席
之相引禮為新机[illegible]物改轍新與故互相引而抒軸予懷無不從
問難折疑而入則知子之許商為必得不為空悟也啟其始似有

狗文牽義之嫌其終頓成神解心融〃境而比物連類机緣定証而可參一初理之感觸必因其識而闡言繪後而予僅就詩以釋詩言礼後而商于無礼中見礼此中之領悟繪則溯乎其小礼則大而非參大與小並為勘、而擬不于倫倏若從一瞬乍迎而合則知聖門言詩為通儒不為俗學也故未悟則念不到此既悟則趣乃環生而得意忘言理因旁解而有會一此不離詩一亦不滞詩也人可無學識而漫言詩哉

兵亦手搏長蛇不蓬勃騎生馬手段詎肯因人阡陌與世俯仰作佌〻皺〻袂耶夫是之謂勁挺　甚原

子夏問曰　一節

王經邦

賢者之解詩，自誤於素絢之說也。夫既知倩盼之素，則亦應知為絢之說矣。子夏疑此，毋亦解詩之誤哉。若謂天下樸之不可為華，亦猶華之不可為樸之謂也。不必古人之智遠過今人，其論事觀理始為不爽，其衡即在今人，亦早知其然也。何讀古人之詩，又未以起後人讀詩之疑也。試讀其辭，同巧笑倩兮，美目盼兮。同一笑也，而笑何以巧？以倩也。詩蓋謂賦質維均，而若人之笑，抑何其倩兮如斯也，此以倩為倩者也。同一目也，而目何以美？以盼也。詩蓋謂受形皆同，而若人之目，抑何其盼兮如斯也，此以盼為

盼者也吾因嘆乎天授之奐出於自然生質之奇不由勉强今試
（借眼前指點情態逼露）
觀廟朝之上冠裳組豆不勝文章禮樂之光見者有餘慕焉而草
茅之樸陋難與齊觀矣又試入闤闠之中珍奇異產不勝精華爍
爛之著嘆者竊心賞焉而尋常之粟布難與同量矣而詩又曰素
以為絢兮則何說也從來有一物之質即有一物之形物之質異
則物之形異而相顧者因從旁指之曰某物也稱名始定矣信如
（輕淺）
詩言以素為絢則可指之為素亦可指之為絢古人亦何必分別
（番疊趣致務得不盡）
其名若者為素若者為絢多此素絢之歧途反不如混而同之而
槩謂之為絢哉從來有萬物之情即有萬物之名物之情同則物

之名同而辨物者因術名責實曰某物也過目不忘矣信知詩言以素為絢以為素而又非素以為絢而又非絢後人將必味其從來不曰絢之非絢而曰素之非素盡失素絢之定形安知不變其說而後可以絢為素哉我是以不能詳於詩言也

對更意外巧妙

意想入神

象外傳神讀者領畧不盡　方文輈

寫發來句頗覺机趣橫生文情流露　王汝山

別具情趣筆墨在不言之外　金王庚夫子

惟三稿　論語　子夏問

巧笑倩兮美目盼兮

史普

述詩人之咏倩盼者，而意若更有未足也。夫笑之倩也，目之盼也，此詩人之善言巧美也，而子夏述之，意若不在乎此。若曰：天下物之不足以悅人者，置不復道也，而其足以致人之咏嘆者，言其善則亦善焉已耳，言其盡善則亦盡善焉已耳。而詩人之意若不直如是，一如適詩之咏頌人也，若以為人知笑之有取乎巧也，而亦有若倩焉者乎？人知目之有取乎美也，而亦有若盼焉者乎？物以兩遇而各劳其致，怨無故而笑生，怨無端而目送，此其間身當者不覺，而旁觀者覺之；物以偶接而盡得其天，求其倩而已非笑矣，求其盼而已非目矣，此

（下意）（及映）（戴云：先点後発。）（神妙会意，總在素字也。）

其故刺意者反不得而默領者得之蓋天下動人之意態常亦有意
無意之間而傾慕之（傳神）神情亦在可言不可言之際故以笑而言安見
笑之皆為妍悅也而一言乎倩則可謂盡得乎笑之趣者也自詩人
言之而其妍悅已然矣又以目而言安見目也皆為清婉也而一言
乎盼則可謂盡得乎目之神者也自詩人言之而其清婉已然矣一經
乎人固有口笑可能巧可能耶巧可能倩可能耶而之人也人共矜（戳下笑妍）
其賦質之殊吾亦幸其得天之厚其所以動人之繾綣者應亦如是
止耳人固有目求其美能必其美耶必其美能必其盼耶而之人也
人即能斬其繼起之工終莫與爭其天然之秀其所以竭人之形容

者應亦如是已耳天人身巧與美常難兼一事之移人每推求而生
憾然人身口與目常相應無心之戲笑亦轉盼而生情君子曰是亦
素耳而若之何又以為絢也
何難曲寫倩盼終不似子夏述詩直趨下句神氣此文差異于時
人者在此　自記
全為下句地意匠最靈寫倩盼亦有天然之秀

巧笑倩

史

巧笑倩兮美目盼兮

史普

述詩人之咏倩盼者、而意若更有未足也、夫笑之倩也、目之盼也、此詩人之善言巧美也、而子夏述之、意若不在乎此、若曰天下物之不足以悅人者、置不復道也、而其足以致人之永歎者、言其善則亦善（人快）焉已耳、（下字）言其盡善則亦盡善焉已耳、而詩人之意若不直如是、如適詩之咏碩人也、若以爲人知笑之有取乎巧也、（先點後發）而亦有若倩焉者乎、人知目之有取乎美也、而亦有若盼焉者乎、一物以所爲而久窮其致、忽無故而笑生、忽無端而目送、此其閒身當者不覺、而旁觀者覺之、（神妙）物以偶接而盡得其天、求其倩而已非笑矣、求其盼而已非目矣、此

其故刻意者反不得焉顰鬢顰蹙得之蓋天下動人之意態常在有意
無意之間（倩笑得神）而傾慕之神情亦在可言不可言之際故以笑而言安見
笑之皆為妍悅也而一言乎倩則可謂畫得乎笑之趣者也自詩人
言之而其妍悅已然矣又以目而言安見目之皆為清旋也而一言
乎盼則可謂畫得乎目之神者也自詩人言之而其清嫙已然矣嗟
乎人固有口笑可能巧可能耶巧可能倩可能耶而之人也人共矜
其賦質之殊（動下意堂妙）吾亦幸其得天之厚其所以動人之纏綿者應亦如是
止乎人固有目求其美能必其美耶必其美能必其盼耶而之人也
人即能斬其纔起之工終莫與爭其天然之秀其所以謁人之形容

者應亦如是也耳夫人身巧與美常難兼一事之移人每推求而生憾然人身口與目常相應與心之載笑亦轉盼而生情君子曰是亦素耳而若之何又以為絢也

（五筆生態）

何難曲寫倩盼終不似子夏述詩直趨下句神氣于此見良工用心之苦

巧笑倩兮　絢兮

伍斯璸

述逸詩之咏倩盼者若合素絢而一之焉夫子夏亦知倩盼之為素也第咏素以為絢之語若合素絢而一之故述之於夫子曰天

急抱為字

下無為之與有為其不同也明矣蓋無為者本於天也有為者成於人也成于人者可以作為致之本於天者不可以人為加之乃今載咏逸詩戀若忘其為不同之極致矣彼詩之頌武公也比以

倩倩帶下文令人不覺

金錫況以圭璧既美其天然之素已而會弁琇瑩絢然於服飾者未始不並為咏歎也詩之刺宣姜也揚且之晳揚且之顏既述其本然之素已而玉瑱象揥絢然于儀容者未始不戀為傳述也至

如逸詩其乘箕而云巧固無為而見其巧矣詠目而云美亦無為
而見其美矣此非素也乎哉夫豈絢飾之儀文所得進而相間也
哉且其詠巧而云倩兮以無為而顯也詠美而云盼兮以無為而
彰也此非素也乎哉又豈絢耀之采章所得入而相混也哉若此
者巧笑之瑳（卅作叉激）初無赤芾金舄之容美目之揭亦非錦衣繡裳之飾
則詩但言素而不言絢可也即言素而兼言絢亦可也乃逸詩則
又曰素以為絢兮（處發以為仿留得何謂在）夫質之粹然者為素文之爛然者為絢素與絢
文質異也豈其任質以遊即可同于華綺之飾抑五色之相雜者
為絢一色之純潔者為素絢與素純雜分也豈其踵事增采亦可

符於儀之飾乃知邊詩所言一粉靡見素衣皆可為象服盛
一卷
宜也一卷靡見素鮮者皆可為黑裳有曜也一若文章黼黻之盛
可為凝脂柔荑之姿也一若山龍華虫之采可為螓首蛾眉之態
也夫素也而可以為絢乎哉素可為絢是不獨巧笑之倩可為也
窮極言之
美目之盼可為也而粉白之容亦可為顏如渥丹也黼黻之服亦
可為我朱孔陽也通帛之旃亦可為交龍析羽也縞衣之陋亦可
為載玄載黃也賜固知詩人自有謂也殊未徹懸擬為何謂也

輕撇倩盼摺為絢二字疑幽妙能濃淡相參風華四映得為字
直從吾意不致精溢何謂來路工于烘染別見幽姿逸韻尤具

子夏問曰　絢兮

庚子山東　杜漢　元

質美者華自著詩之言素可誦也夫倩盼之質以云素也而乃曰素以為絢此子夏發問之意乎曰今夫天質之自然與人為之使然而相須者也乃有天質既擅其獨優人為卽可以並見者則莫如逸詩之所云夫逸詩之作固賦人而非賦物也而試先舉其兩（眞神兼寫六字見地）言焉不過曰素已矣其言笑之巧也雖曲為形容而亦嘗及于粉白黛綠第曰巧笑倩兮而已則素可知也其言目之美也雖重為咏嘆而未嘗極于盡態極妍第曰美目盼兮而已則素可想也（容與隱約處寓抱不吝）兮素有其相反者而亦以名亦有其相形者而素以見在有此

美素或自負其得天之全而不屑乃于儀容之飾然以來飾而（聰約可思）較之已飾則有間矣在觀此美質者或極賞其本然之真而不斤斤于外者之文然使無文而竟視為已文則不得也無他素自素（先此書嘈）而絢自絢焉故也維詩又曰素以為絢兮衛風之賦碩人也以衣（帶之亡云）錦而益增其麗而兹則曰既碩人矣又奚資乎衣錦哉蹟其一觧（何澄下楚耀）順而令人遠一顧盼而令人思固已擅天下之華采矣即以太璞（問恰在言下）（何習之）之完為盡飾之觀可也鄭風之咏孟姜也以佩玉而更見其嫺而兹則曰誠孟姜也又奚待乎佩玉哉蹟其啟口之際不傷于雅謂睨之間相動以神固已盡人世之態度矣即以白賁之吉為五

之彰可也夫質苟凡庸雖務修邊幅而不見其可貴態本妙麗則絕繁華而自覺其可風詩之以倩盼為素而即以素為絢也其意毋乃有在于是然而商不能無疑矣

要還他是不觧語而於下意不觸不背安頓題位斂費苦心文之修潔馴雅更不必言

子夏問　杜

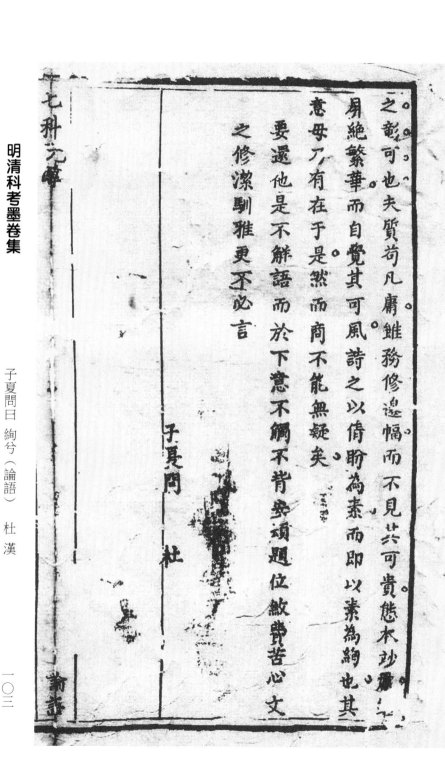

子夏問曰　全章　杜時禧

聖賢于論詩也而相引無盡焉夫繪事之解初無殊于素絢之旨也（以言詩作主）而商頤通之禮後則其相引寧有窮哉故夫子深嘉而樂與之今夫讀古人書而不求其解于一二言非善學者也讀古人書而徒泥其（總對言詩○講）辭于一二言尤非善學者也善學者即一二言而引之于無盡不泥一二言而更引之于無盡夫非偶然問荅間有相為長益者乎有如倩盼之詩終有素絢之句亦豈（超妙）甚疑義哉特其文有弗屬義有弗貫耳（頓宕入古）夫君子之于學也無所苟而已一言亦將以求其歸也而以觀當日之子夏則正不能以自安也於所言素而不能不致疑于絢焉於

所言絢而不能不致疑于素以為絢焉問于夫子曰倩盼之章所稱素以為絢者何謂也而子即明之繪事矣曰斯人之取喻必有當也（分明）其言絢也殆即所為繪也其言素以為絢也殆即素其先有繪乃後施也甚矣詩人之取喻固有當也（[illegible]子如貫珠）繪事後素商亦可大白于詩人之旨矣而又何疑夫素絢之說也哉然而詩言素子亦言素詩言絢子亦言繪亦豈有殊旨哉（對而不對）特以求通其文求白其義耳夫君子之于學也無所滯而已一言亦將以新其悟也（妙語）吾不知此時之子夏何深浩然其有得也一悟所謂後而見天下之後焉者不徒一繪一悟所謂繪而見天下之所有事者莫不皆後曰禮後乎而子則深為與之矣（禮後意已透）

曰商之言詩何其有當于予心也其言詩也不必執詩以言也其不必執詩以言也雖先王之經大小之所由若無與于詩而無不可取以見詩之言也甚矣商之言詩有當于予心也起予者商也始可與言詩已矣而豈必復存乎繪事之解也哉是則聖賢偶然問答間前後若不相謀而學于此益深詩之義于此益弘矣

不粘不滯飛舞筆

襯貼勁言詩妙

子貢章始論處境學問繼悟詩繼即謂其可與言詩而許之以告往知来始終言學問也此章始論詩解以繪事悟禮後仍許其可與言詩始終言詩也一章有一章真意不可混淆文擒定言詩之旨作主絕不夾雜見地最高至其蕭疎簡遠則雲林之筆也

瞿曲殺

巧笑倩兮　吳昺

笑非期於倩也巧在則然矣夫笑所同也而巧者不可能也則有不期倩而倩者耳子夏引詩以為夫人生質之際不可强也當其情有所樂而色形之非尤求於自然者哉故未容止之雅即有以示衛仰持者焉而曾未可以窺其巧也然則碩人之篇其所稱巧笑倩兮者從可知矣乍覩其人而歛容相對笑不及見也迨與之稔日而乃有解其頤者則笑其不自己者也然習見其人而樂然相迎笑又未足異也迨稔之他人而遂有易于厭者始轉思夫笑亦有不可階者也蓋惟其倩也是謂巧也想其以古處之思當頓感則笑之下而不免

降以相從也發固有發乎情者欲顧終風之暴（揭題人龍笑字都有來歷）其相遇于謔浪間者
方其謔其妄底耳而要要之際獨示以和易而有節則碩人之止于
義也而正目之為巧殆以是動容之際有出于不（描素戲）自知者乎一想其處
龍閑之境有類言則嗟之悲而寧能張以為歡也笑又有成于偶者
欲頌綠衣之（邶稱高雅）賦其邀憐于嚬笑中者正不知其流極耳而輔頰之間
偏覺其厚重而不佻則碩人之守以正妙而僅盛稱其巧殆以是矣
覽之美非等于不由中者乎且夫人容未始不美也然率其嘻嘻之
意而嬉笑未免太甚不知婉兮孌兮（描下盡字）之姿何所而減也若碩人之笑
初非有作而致之之態而人之承其色笑者無謂其美于以無度矣

抑夫人儀未必其忒也然極其欣〻之象而笑語無以卒獲不知溢慎其身之思何自而弛也若碩人之笑并非有矯而飾之〻意而人之頌其笑言者舉曰威儀殆未可選矣然則惟其倩也是以巧也商于此得素之說焉而美目之盼則又且同于巧笑之倩也

莊雅中自有態度

點明

原評云註云逸詩不云碩人之篇然前輩全章題文多粘莊姜說在一句題借作點染較似無妨又云子夏之疑不在上二句然但言其是素非絢則何謂一問已伏此作者用筆之巧二評已檃括之矣于更喜是文刻劃倩字亦復大雅不羣 吳奇徵

誰人不解要貼倩字而俗者能雅濃者不纖此于神骨間辨之也

壁科小題卓編　上論

小題以此等為神品

子夏問曰巧笑倩兮　全章　二名　吳玉鎔

嘗言詩者不執詩聖與賢有微契焉夫倩盼之什僅詩言已耳夫子解之子夏悟之殆有相視而莫逆者乎且六經皆載道之書而詩之為用似專于流連景物而止雖然孰是說也將先王之制作所為經而等曲而殺者亦盡屬踵事增華而無以大裨于天下夫先王斷不以化愚起偽之端教天下後世而學者顧專以蕩風托雅之趣尚論詩人無感乎言詩者日多而詩教日晦今夫因事賦物者風人之例也一唱三嘆者溫柔之旨也倩盼之詩素絢之語亦豈必有深義于其際哉獨是詩三百篇皆斯人形于不容已動

驚。葦。制。空。通。身。貫。徹。

○決○空○貞○忠○

于不自禁而從而文之者也文有所由起亦有所由滋山川萬物

○化○他○町○生○

天文也胡為乎繁変而日新禮樂衣冠人文也胡為乎代積而益

盛此宇宙之至理所為該名物統典章而一以貫之者也而子也

乃顕為示矣曰繪事後素此言詩之一解也而子夏乃隱為悟矣

曰禮後乎此言詩之又一解也至哉詩乎俯察仰觀無非是也善

○藻○山○青○黄○碧○緑○無○非○是○

○道○解○悟○真○悟○深○讚○地○

哉言詩乎見知見仁胥此道也蓋無當于五穀五聲弗得不和水

無當于五色五色弗得不彰問無當于更端更端弗得不啟以此

言詩而何必詩也以此言詩而何在非詩也始可與言詩已矣蓋

古者省方問俗之所陳原即為三千三百所托始故入齊鄭之風

又一種生風迷為泥令滿座即舞

夸唐魏之勤儉而必推本于豳風七月之章則夫子先進可徒之志隱寓于册詩之中而此時轉不必滯其迹學士聘饗會盟之所賦原即為升降上下所見端故夫咏嘉賓于式好歌燕及于皇天而總該括于駉篇無邪之旨則夫子反本修古之心默寄于說詩之內而有心者不覺曲而通夫言詩之難也箋句者泥及虫魚膠固者執于義理頴悟如商可多得乎哉厥後詩序之傳首推卜氏有以也夫

叅透全題関竅隨筆揮去横衝直撞無非活潑潑地外間或有以凌其節次之説相覗者鴻文無範恣於川豈可以尋常町畦

爲火食人說乎甚原

身騎亦蛟螭凌絕蒼梧烟。下瞭九川原倐忽數萬匝。今從莊列

得力故也。劍泉

子夏問曰巧笑　全章
丁外江南　吳宗濂

詩解通于聖教聖人亟賞其引伸之妙焉夫素絢一詩固明明有一後之解也始則疑之而終即悟之商其解人乎且聖人刪詩遂（有合勢）者大半要其中非無意指可參也學者蓋其疑而不求其義則終（如繪以起於素）身不知詩矣學者求其義而不神其悟亦終身不足與治詩蓋篇端有古性靈之流鬱不通而欲悟無方義蘊本心源為自一堂相（精粹）證之下無詩非學即無教非詩乃覺古人吟咏所留味之外而益於也回者端木賜論貞淑附言子嘗許以可與言詩矣乃今後于（天外飛來峯）商也進之夫商於治詩者也一風雨而吟比興之章義正詞範字字（笑人含神義正詩範亦風雅）

寄詩人之意趣而終朝執删有時錮學士之心思而茫然不知所
鮮者祇覺三百篇外遺編零落半是藏鏡窒性之文蕪穢而肆錯
風之什文墳理遽言言顯詩教之欽深而謁爾披辭有時極文章
之興廢而暢然（悅而暢）未獲歟心者祇此一二言中掩卷徬徨即為悒業
請繹之地倩盼兩言商也知之素絢一語商也昧之繪商其衛滯（絢、素、白、然）
于言詩皆可夫子曰夫言詩者不滯于詩者也盡卻繪事解元黃朱
絲人可用多藻繢之奇而受采者莫則太素即為大文所由釋繪
即素形不明明有一後焉者即知（商、也）其為後不覺天淡總變得于性
多不頌飾事之增象服委佗成于人者尚[illegible]然華之飾詩言問隱

若謂我亦陳文紬繹恍然徵趣之自為攄生商乃曰夫言後者亦何一非絢也請作禮後觀玉帛冠裳人事曰著文明之妙而積誠既摯則忠信即為儀度所由開繪耶禮耶不明明同此後焉者耶通之于禮而覺因性制儀讀相鼠三章已識詩中有禮意緣情定分殊待隅一警可知禮教即詩情予言又時為導我也觸類引伸庶幾至理之互為掃取嗚呼商豈猶滯于言詩者乎蓋悟思隨繹緒而來則師門樂助我故見緣新機忽闢即詩蘊得真傳篇章字矣執一說而不能旁通義類即予懷之杼軸不靈倩盼一詩特其偶見耳商獨具無涯之感觸則于一字通百解即可從一冊悟全

墨卷愜心集　子夏問

詩而卷籍浸淫上足印騷賾之神味唱嘆歟哉況一見而不能曲發由來用索之精神轉倦素絢一逸終作何解那商寔扶蕭瀆之靈明則彼疑竇以抉真源即可合千章以歸一律而講堂歌嘯甚可絡經學之統宗可與言詩夫子以其起予也許之而後知商淵蓋以詩者也賜之領悟得自天資高也蹤通全憑學力他日西河一席為風雅宗其可識傳經之自也夫

音韻有情可歌可詠如川同年天資最高加以午夜研摩漱芳

傾瀉文筆鳴鳳那得不藻耀藝林　廖古檀

縈迴水抱中和性平遠山如蘊藉人　廖乘符

。。子夏問曰巧笑倩兮　全章　　四名　汪薇照

惟能疑者能悟而詩教有傳人矣夫素絢之詠詩原以繪事喻而非子夏之疑無由發也因後素而悟禮後商起聖人乎亦聖人之樂與言詩耳嘗謂人心者不盡之材也理道者不拘之墟也其[redacted]端之所肇即悟境之所開大矣夫相引而深者之靡盡也不然將與居而漸識未獲所資即與稽而古籍亦何堪共証孰釋其滯孰會其通惟聖賢之相視焉而兩無所逆而後風雅之教以傳今夫子發固得聖門之詩教者也蘭籍雖名理會萃之區而意不求鮮陰是所以不敢輕疑古人而置其理於略無可惑者已宜其心

以先之筆○勢○提○起○即○將○全○文○二○絡○索○鉤○連○波○瀾○氣○超○脫○筋○二○功○

一無所開心思多引伸相入之機而膠而未化拘儒所以於此
詩類獨而盡我心於他無所往者亦即斯理於一無所來何子夏
商致疑詠倩盼蓄繼詠素絢也且夫詩亦甚難言矣彼夫南陔白
華才無其命亦何事復尋散佚之辭與固疑而不能闕者也即彼
碩人巧笑各寓其旨而究不同於刪逸之語是則疑而不可蓄者
也素絢之質商也蓋深於詩矣特是即詩以言詩則教者或未能
地物以發明而泥詩以言詩在學者亦病其拘華而多滯而就是
其可與言者乎乃子之言詩者第曰素絢一繪事也而商之言詩
曰繪事其質文乎子之言詩者第曰後繪所為絢也而商之言

詩則曰後事即在經曲乎起予者商也可與言者商矣理苟冥至
於有漸則得其說自可以相通然而未宣之義藴非穎悟者孰能
即其似以為推詩固未嘗言禮也禮亦非以言詩也而無相與之
際此自彰旋彼自增釋而意徑難殊一入融會者之心胸而初無
[illegible]神[illegible]妙憤揮作有餘
閡隔事即各域於而境苟發其凡亦可以起例然而更端之論說
非融微者不能比其類以相觀聞詩之時初未存一禮之見也悟
[illegible]乃又[illegible]不恰歸其妙
禮之後乃無在非詩之意也合同而化之中此引其端彼迺其緒
而神明既貫若隨以無方之理道而意可渾忘始也泥於言詮
而究也妙於意解乃知超境所蒙僅不關學問路閒之路一節自
子夏

以論詩弟已因詩而知禮愈信旁通最捷真無愧洙泗風雅之下
商進矣非後言者之商矣
局正陣圓氣起神旺制科中金科玉律也 郭時老
首節一筆滑過與本無深義而故琢支詞過猶不及均之病矣
與作不顧將義淺得其分而隨手即將全義一筆貫起自是先
民矩度以下一氣揮斥曲折盡意方圓自成 主司所云官知
止而神欲行洵非溢美 修大
響協遏而情摶氣衝欝而標起流麗端莊兼而有之味甘

素以為絢　後素

大宗師科試臨場第一等第一名　林上春

疑素絢之說者不知為之居其後也〻夫絢曰為絢固未嘗北乎素而強同之矣子夏用以為疑亦盡思夫繪之待扵為者固在所後乎〻且天下事有難強為一致者謂人為之弗操其券乎抑天事已早彰其先矣乃勢紛攘其可受方欲別白而定一尊而意以合而未伸剖疑彼此互淆莫辨聖人於此亦第即其繼起而有功者示以自然之節序而當日立言之意瞭然矣巧笑倩美目盼當前之天然逸韻何須致飾以為工後此之膏沐為容乃益爭妍而貢媚凡事之本末互見而始終判然者〻都皆如是〻不容矜心扵置

試草

乎而詩人已通其解於素絢矣且夫素也絢也因分為屬焉以不得統而同之者也孰齊物之意見而畢視乎紛華方且以白無以無文自高其簡淡則與夫揆藻離章綴以星辰之炳孰加夫歸真返樸渾乎窅赤之名也而詩人正不為此高曠之論遁顛倒於私心而日彡水乎真僞亦或謂鉛華是御不異其本來則當觀象未及繪繡五采尚闕其華直等尺度蕪賁元黃五色罔豊其蔀也而詩人亦豈為此無據之談素以為絢亦謂天下事之出於為者胥其後焉者耳何子一夕乃用以為疑哉獨是子夏之疑之也或亦隱懷一事之在所後者以衷其所謂而不虞詩人之正此意也施章設采

之恒經在周禮固詩辨於芊人即周詩亦備衎乎日用故朱陽以裳公子而載績先採染續之原錦衣袺擅宏裁而尚絅不後彰身之制其循序以遞及者三百篇中初何嘗不明以告我也而不意有統而同之者竟索解於無從然而六子之啟之也亦惟就其事之出於為者以勘其所後而不虞詩人之別有所謂也葭菼[illegible]䕶之常規昔之人業已致謹於冬官令之人自可詳稽乎舊制故籚業以壯辟雝而崇牙不先樹羽創建獨隆官廡而百堵尤著削遝其按候以徐商者三百篇内無一不作如是觀也而何事於分布屬之者徒拘文而不化繪事後素因為子夏叅一解矣繇商皇

之迹象非不壯厥觀聽而試問所存所由安得以後來居上顧自掩其本真則得繪可以增美者亦非繪所能釋回也詩有見天未卜自他之耀先貞受采之基乃以為焉者惕之所以帝世之松雲不易其茅茨土階之素皇朝之藻火必繼諸草衣卉服之餘觀燦設之采章詎不形為鉅麗而但念敷施倣自豈容以後起有權竟湮沒祈兆始則有素無繪而素僅失之野者有繪無素而繪且將安屬也詩有見夫欲分雲漢之章先崇本根之地乃以為焉者判之所以盛明之文章黼黻不從婦宮絲采以求朝廷之刻桷丹楹尚在君舉必書之例蓋華蟲徒思作繪無如質已不存介潔藉以

高翔勿令大將馬附朋乎為之在所後焉將八事之本末互見而始終判然者皆不容以措置也夫繇乎其小一而着也

素以為

林

素以為絢兮 後乎 截句題 林豐玉

賢者因詩生悟詩解而禮通矣夫素以為絢非即素即絢之說也乃子以繪事解其惑而遂通於禮也其知所後哉且自元黃縕剖而

妙語解頤

宇宙之大文昭焉亦誰知絢爛之極其初固起乎平淡者乎見諸詩

遙攝兮故

歌而其理無容紊也參諸禮而其事寔相通也吾于子夏之與子論素絢見之矣素絢者逸詩也賦質嫻閒不假鉛華而自艷素者固

典雅大方

知其為素矣而副笄六珈亦禮服所必需絢者獨不可知其為絢乎綽約多姿無借粉黛以爭妍素者見之謂之素矣而玉瑱象揥亦禮儀所攸關絢者獨不可見之謂之絢乎子夏之問非疑素絢也疑素

考卷襲鈔錄　上論　福建都制臺觀風同安縣二名

緝出清勁微骨

之節以為絢也內美之無瑕猗為外觀之有耀云素猶之絢也將絢

亦猶之素矣而素絢之名可不並一盡之在縣視為繡文之被體將

素可作絢觀也而絢亦可作素觀矣而素絢之定何以分何謂之間

畧作束紐回互下截發意而富

矣亦不知素之所以為絢而忘夫素之可以為絢耳于于是有以示

之矣曰而忘繪事乎且絢莫絢于五采之彰施絢莫絢于黼黻之燦著

老氣橫秋

點染都有畫意絕無纖累

今試與子入虞廷今試與子考周官孰能使素地之不立而山龍華

蟲之增其光乎孰能使素質之無存而日月星辰之煥其采乎孰能

使素功未建而土之象方天之時變黝堊丹臒悉如法于蓋事以相

合而成章繪與素不可相無而事以次第而有為素與絢未嘗相混

繪其後爲（點睛）者耳何必于素絢（緻首節）而疑之乃子夏于此有以悟之矣曰吾今而知禮矣繪所以象形而繪心之（句有化工）繪更可象繪所以會意而繪情之繪更可會今試考遺憲于秩（會心有在睹語有爲）宗今試詢典則于宗伯夫豈非緣人情以爲田而乃修此敎樂玉帛之文耶夫豈非本情臆之未將而乃設此酒醴籩簋之儀耶夫豈非有懷未寫而乃韡不類采爾色周旋進反問質越耶蓋禮不可斯須（對語精警）去身而三百三千皆絕起禮與天地同節而貴多貴少由心生禮其後爲者乎夫子（緻方節）以繪事示我矣合而論之風人賦物之工而詩中有（風華掩映）繪得聖人之點綴而纖邈橫生自前賢至理所窮而繪中有禮（雅馴）得聖人之引伸而纂會若揭一起予之嘆此

首哉

擷芳咀潤纖籍組紃才人學人一齊拜倒　陶照竹

製局老蒼語精才大學深四美具衆　汪飛以

下截絢向前渾還下而句珠編內瑩春光瑤流下而句竟作而大

此題難題意精融雅鍊最有其鄉先輩宗風　汪椈門

素以爲絢　後素

王大宗師科一等第二名　卓元度　忠貞

有疑於爲絢之說者、可即繪事以明之、夫詩言爲絢、亦謂絢後於素耳、非謂即素即絢也、觀於繪事、不可得爲絢之所謂歟、且夫天下（上下分明）[illegible]無之勢、而未始無迭起之緣、倘泥其迹而强爲同、則彼此無分、固有紊其遞及之序者矣、抑知人功實居乎繼起、而天事自據爲先圖、惟爲之原其始而要其終、則援他事以叅觀者、固未嘗（子夏）有拘而鮮通之論也、（所以言下便悟）子夏於詩之言倩盼者、既明知其所謂矣、固以倩盼言素也、夫天下事自素起者、（神射下截）寧自素止乎、而詩且縱系而言絢矣、且言爲絢之必由於素也、亦非質固不立、故必溯其所

由始而程功者乃可踵事而增質非文亦不行也必究其所由終（先從詩詞只合通後合上下一片）
而課效者乃可相緣而却詩之言爲絢者非無謂也子夏亦何疑（神來）
於爲之之說哉致汾穆於是初淳樸可風原無以美飾觀之事此
專言素者也專言素無庸無言絢矣詩之言爲得毋誣素歟觀文
明於昭代經綸日起已非無爲淡泊之遺此專言絢者也專言絢（以我馭題都化引）
不必兼言素矣詩之言爲得毋誣絢歟子夏之致疑於所謂者夫（述問答之迹）
亦以文質自有殊施固不容視爲一致也雖然合彼此而兼權縱（周規折矩）
若混淆而罔別循初終以遞及何妨久矣而相詭必謂舍絢乃可
言素則外觀未由備美而昭質但保無虧恃飾爲安可何望

於風華之相映必誚舍素乃可言絢則繼事可加功而肇端已無可抳操彰施以待用應自若於質之難矣夫子第即素絢而（矣縫用字緊法）通之乃知天下事之相因而迭起者固有居乎其後者也采章雖（提後字有手法）生著美而初基不立究難為無本之敷施惟從夫後以溯之而業（此比應無質不立）之居乎其前者固有先機之可握也夫英華生著之餘幾疑素風之不嗣而第即後事之可憑者以為初基增其美當無損於本質之獨完也緬丹雘之維勤知相附而存者固有其抳始矣白賁雖自可觀而致飾未亨實難為無文之物色惟從夫後以推之而事（此比應無文行）之迓而有功者更有成效之可觀也夫素質獨存之際幾疑文采

之難蕪而萌即後事之所繼者以爲美質煥其觀當無慮乎大文之未耀也思元黄之即者覺先事而操者更有其終圓矣即如一（点題說得解）繪事也而固已後於素矣尚何疑於詩之言爲哉夫素絢並列而欲即此以爲彼此即先後所由分也子夏泥其迹而疑之夫子廣（以覆筆收上起下）其事而通之乃知天下事之相因而迭起者固有居乎其後者也子夏可以悟矣

王大宗師評

布置自然氣度恬雅

鰲峰嚴夫子評　鎔題就法純以真氣運乎[illegible]中筆亦清妍不俗

巧笑倩兮　胡宗緒

詩人詠笑以明素也夫笑而倩似不因於巧然不以巧況之又不可得其素之難摹已如是耶想其請問之意若曰商之治詩有日矣乃於其中亦有不能無疑者若逸詩但曰巧笑倩兮商即可明其意之所存已蓋以人之姣也不一態而已而莫貴於自然人之自然而姣也不一態而已而莫美於有情如夫人之笑也尤處不及笑是固倩之至者也即如夫人之笑而倩也獻笑不及排是固（白描高手）自然之極者也是以倩與笑期而倩不與巧期巧爲倩不爭妍矣乃儀焉笑矣倩甚均笑何以獨倩也是真巧于笑者也是以其爲

一字一折

物也多姿即其會意也尚巧笑必巧恐無笑矣然瑳然笑矣巧甚均笑何以獨巧也以備能笑而倩者也吾見若謔浪而笑者矣然彼既伊其相謔而不覺室于浪不亦怡蕩乎而靨輔竒牙工于不

句倩字妙

縱虞而宛然耳吾見若宴宴而言笑者矣然彼既媚于語言而關攻乎笑不亦踰矱乎而私心獨悅正于不言中而可掬耳則試為

結出水繪襟却一字不走題氣

之想其所狀而得夫嫣然一笑之神不惟宛覩其形容而亦且如聞其聲欵焉詩人所見毋乃是乎則試為之想其慧心而得夫顧我則笑之情不覺解釋其多愁而懽然交適焉詩人所稱其謂是乎

有評

無水不瀑無石不洞文中之雁蕩也　載丙有

影下素字々字入解頗友予

巧笑倩

巧笑倩兮

李學院歲試覆入惠安縣學第十六名　英　敏　懋懷

先述詩之咏笑者、其質固足羨矣、夫笑而倩、巧何如也、逸詩先咏之、其質固亦足羨哉。子夏述之若曰、夫人秉殊尤之姿。則足以供人摹擬者固不第粲然一笑間也、雖然秀慧中含唇吻先傳其妙綽約外著齒頰預流其芳。從吟咏之下而試為低徊覺粲然一笑夫固信其昭質之無虧已。商有感于詩之咏笑者矣。歷齒齦脣曷貴舒笑之欵欵乃詩若以為碩我則笑別傳秀異也乃如之人孰不你芳標而欽哂然之雅。奇牙含貝自宜微笑之嗎嗎而詩固以為啞其笑矣別呈婉約也彼其之子誰不挹餘韻而羨莞爾之休

先述其詞有曰巧笑倩兮口輔之地呈姿幾何苟不形其婉孌之
致而淡無足戀則其巧猶未著也詩之咏笑固倍形其婉戀之致
体物瀏亮文亦具有賦心
矣無事鉛而飾之而嫣然著已動下蔡之迷不必色為莊之而瑳
然若堪哂如皐之陋稟受獨優一笑已呈其異而含而弗露疇不
傾心於丹唇之外朗也紬繹篇章固知詩人之咏笑而善形其巧
着已如斯嬉笑之會為時有幾苟未傳其姣好之真而漠若無情
則其巧猶未彰也詩之咏笑固實傳其姣好之真矣初非欲炫其
異而蓄之見者獨增嫵媚之容未嘗故鬭其奇而觸之觧者益生
刻玉鏤金
可人之態得天獨厚一笑堪憐其妍而抑而若揚能多銷魂於皓

子夏問曰　全　　　涂學詩

言詩而不執夫詩宜聖人之素其悟也夫疑在素絢而忽有禮後之悟此真可與言詩矣子夏之得詩傳也有以夫且夫讀古人書

専精必至机悟自生于夏得力正在徹疑必晰

莫患乎不求甚解也不求甚解終于不解而已矣夫誠好學深思心知其意則將有更進一解者雖古人亦樂有今人矣則且有不窮于解者雖聖人亦樂有賢人矣吾夫子三百之刪既定而雅言之教獨先蓋其言詩非一日矣而求其可與言詩者卒鮮是何也由其不善悟也其不善悟由其不善疑也乃有子夏者諷倩盼之

韶音令詞

章而専疑素絢噫語多不屬猶連類而舉其詞篇則已刪尚詠歌

紫若樵稿　　論語　　語香書屋

而求其義商殆有風人之致歟而夫子則且與言詩令即一事一
物之中亦自有人事亦自有天工不別其等倫則耳目之英華亦
久而必敝子為素絢解曰繪事後素而以素為絢之疑可釋也是
則予之起商也而商則并不專與子言詩令于渾渾噩噩之世無
凝之握撮言詩
端而飾其冠裳無端而拜其君父不以為總起則古今之秩敘亦
偽而不真商即繪事悟曰禮後乎而素以為絢之詩已忘也是亦
一路埋伏接應巧奪天工
由于予之起商也而夫子曰是在商之起予而已矣天下善起人
者莫如詩而今之起予不在作詩之人而在讀詩之人此一奇也
詩之起人莫如言詩而今者商之起予不在詩中之言而在詩言

之外此又一奇也矣不學面牆久矣有成訓矣商固所務辯人耶不然何觸類如斯也不滯於詩不窮於詩予殊（思徑一新）恨華黍由庚闕文來補使予少一言商將少一起耳抑告往知來吾黨不槩見矣商其引為同調耶不然何旁通若此也意中不復有詩意中無一非詩予猶喜棠棣偏反刪而未亡予苟多一言商亦將多一起耳則誠可與言詩已矣夫倫物著于二南廟堂陳于三頌盛衰之文備詳二雅奢儉之故載在諸風詩與禮固相表裏也然則予之於商謂其許以言詩可也即（現成拈出）謂其許以言禮亦可也

機法相生真使班輸讓能工倕服巧其節節討好觸緒生新皎

如玉樹臨風移吾情矣

子爽階

○○○素以爲絢 後乎

江南李宗師歲試華亭四名 姜遴

素之非即絢也疑者因而能悟矣蓋子夏疑素之爲絢而不知絢
其後爲者也因繪事而悟禮而後之說不自此發乎且君子之爲
學也無所苟而已其不必疑者置之其可疑者未嘗不從而求之
也乃賢人之所求在乎此而聖人所以解之者在乎彼不相謀（清空一氣絕無點塵）
相謀也聖人之所解在乎此而賢人所以通之者在乎彼不
而相及也如子夏述詩所承倩盼者固無可疑矣而詩不但曰一也
又有所爲素以爲絢者夫詩人之言素絢亦止就碩人〃
之耳豈遂亦衡乎質文奢儉之故而本末不可淆後先不容紊（直逗起禮後句）

學者讀而忽之焉曰是夫子之所逸也吾累觀大意不求甚解亦不可以而子夏則篤于詩學者也學之篤必且以盡得詩之詳蓋始則竊竊然疑也（全在空所騰挪）絢不可以為素則素亦不可以為絢也既而思之若將有得也意素絢之相去無幾也雖然胡可以弗許（故為最折筆情人不到）既可以為絢將絢亦可以為素也求其故而不得又不禁惘然失之質諸夫子曰何謂也當是時也子夏於一無所悟乎（正與憬後之悟反照）夫子曰而盡觀繪事乎夫繪事其小者也方其五采雜陳爛然有章入于目者也遑問所由來而由來固不容沒矣今即習尚波靡巧而利交而不慚藻繪也下人爭趨焉而問有出一說以蹤繪于素之（寫得儁宕真能化板為活）

〔子夏問曰巧笑倩兮美目盼兮〕素以爲絢 後乎（論語）　姜遴

乎何居乎吾未之前聞也觀于繪事後素而素絢之所從可（八句）知

子夏亦可以上矣昔者先王之制爲繪事也（一開峯頭矗起）有端冕垂衣以卲至宮

室車服器物之間莫不有取於繪非徒飾爲觀美而已亦曰等威（以下從繪字渡到禮字）

貴賤禮奠嚴焉禮也者先王所以宰制萬端役使群動者也蓋自

天高地下品物散殊而禮遂行乎其間天下之密致者無過乎（又跌一筆妙）

矣乃子夏因繪事之後而恍然曰禮後乎是果何說以處此

夫裼襲周旋之節趨蹌拜跪之儀視不過乎結襘步必中乎采齊

非不甚詳而觀而第不識此禮未起之時胡爲而不容已

亦有干乎此者而由是裼襲周旋以謹之趨蹌拜跪以將之（語在乎此間）

則其紛後可必也當是時也子夏已無復繪事之見矣況素絢乎精悍遒緊
見哉則甚矣夏之篤於學也其求之甚專而悟之甚廣也
以曲筆緯其清思如風水相觸迴波宛轉望之淵然　原批
題面三層而意解相迎機趣一片文亦依題層折而用筆
偏于直處能曲連處能斷脫盡此題恒蹊

素以為　姜

素以為絢 後乎

華亭 姜 遴

素之非即絢也疑者因而能悟焉夫子夏所疑者素之為絢而不可絢其後焉者也因繪事而悟禮而後之說不自此廣乎且君子之為學也甚惡乎其苟焉而已其無可疑者置之其有可疑者未嘗不從而求之也顧賢人所求者在此而聖人所以解之者在彼不相謀也而相謀也聖人所解者在此而賢人所以通之者又在彼不相及也而相及也如子夏述詩所咏倩盼者固無可疑矣而詩不但已也又有所謂素以為絢者自我論之詩之咏素絢亦第指碩人之一身而美之耳豈遂有關于質文奢儉之故本末不可淆後先不容紊非

國朝試牘珊 江南李學院歲考四名 十畝花居

學士大夫讀而忽焉者多矣曰是夫之所逸也吾畧觀大意不求

轉節生情

甚解矣所不可而子夏固篤于詩學者也學之篤必且以盡得詩之

解為期令有一詩焉未解豈能快于心乎令一詩有一辭焉未解豈

能快于心乎當是時也子夏殆一無一悟乎驟讀之而竊竊然疑也

中有神髓

絢不可為素則素亦不可為絢也既了了之若將有得焉意素絢之

相去不甚遠也雖然胡可以弗辨也素可為絢將絢亦可為素也

窩法甚別　複筆含蓄

求其故而不得卒惘然以請曰何謂也是時也子夏殆一無所悟

乎子曰而不觀繪事乎方其五采襍陳爛然有章入于目者邉問其

由來而其由來固不可沒也今即習尚波靡文而利巧而不慚藻繪

之工人乎趍馬而問有出一說以驗繪于素之先者乎何居乎吾未
出尸有景
之前聞也觀繪事後素而素絢之疑可以釋矣子夏亦可以止矣昔
大方韋豆易礼字漆倣一片
者先王之制爲繪事也自端冕垂裳以至宮室車服器物之間莫不
有取乎繪非徒飾爲觀美而已亦曰貴賤等威禮莫嚴焉禮者先王
所以宰制萬物役使羣動者也蓋自天高地下品物散殊而禮遂行
于其間天下之最先者無過于禮矣乃子夏曰夫子繪事之言而遽
曰禮後乎是果何說以處此也今夫軍國戎祀度數詳焉比閭族黨
節又盛焉此所謂禮也而試問此禮未起之日果何爲而不容已乎
無亦有宰于其先者而曰是以達之也乎考鍾伐鼓不能飾不歡之

國朝試牘珊　上論

豈樂建旋出車不能揚不怒之報靈三揖百拜不能致不識之敬讓由是以思而禮之為後可知矣當是時也子夏已無復繪事之見矣又何論素絢哉甚矣子夏之篤于詩也其求之也甚專而悟之也甚廣求之也専而古人之言似足以困我悟之也廣而聖人之教又殊足以樂我也

素以　姜

以曲筆緯其雋思如風水相觸迴波宛轉望之使人神遠　原評

一章書截去首尾不要緊處獨留其眉目下手便着不得閒文能于此中机神團結而局法極正極奇極有閒趣更極大方老手裁題偏多活計如此　莊

高篡　神明乎規矩中而脩極起落參差之勝是雲中自有金闕也　王策隱

巧笑倩兮 一章 乙卯 芝峰 姚昌時

賢者因詩悟禮、深於言詩者也、夫子以後素解素絢之說、即詩言詩、未及於禮也、通其悟於禮焉、言詩微商其誰與、今夫讀古人書、貴其能悟也、尤貴其能疑、蓋疑不入者、悟亦不出也、獲悟之新、擴疑之故、塞疑之路、封悟之宇矣、善學者不為悟拘、不為疑滯、故雖流軼往章、

氣充神活全題下綰一線

無不可取以為疑、即無不可取所為疑者以為悟、昔夫子大開講席、

是詩禮並提其中抑寫低昂故見手法

雅言無訓詩苟之禮附其末思得一二數詩說禮之英以祈疑也素矣何遂之又久而無復有起我夫子也吾黨侍坐聖人匡居之暇不餘誦讀乃有什斯畢斯思之思之而未能即通者蓋偶肄業及之也

心檀己絕調

誰與歌者則卜氏子之讀倩盼素絢之詩夫卜氏子深於詩者也巧製雜陳神與之會即詩人無言之處皆餘有芳臭口澤之存佳章淆列意與之怡即詩人遺篇之內寧復有一知半解之句何居乎言倩盼素絢之詩而有所疑也其疑也疑素乎疑絢乎幽閒之質目為鉛華絢爛之極指為平淡何以為素解何以為絢解何以為素絢解即乃子則以繪事解之蓋事以相合而成章繪與素不可相無事以次第而有為素與絢未嘗相混闢斯言也商可以解矣果也向之執卷生疑者忽而正容起悟矣子一言繪而商悟夫有類於繪者之皆可作繪觀也何必不言詩予一言後而商悟夫有居其後者之皆可作

約詩說入升管揖

末句得勢得局

繪事句不略得妙蓋此句是悟禮根蒂也

靈機活動

後觀也何必專言詩言詩而不作詩解且并不以詩言詩若商固若

出落備極自然

是其善言詩哉始而疑焉繼而悟焉終而見與焉一聖一賢相喻於

點題加生龍活虎

言詩之表斯時也見夫綽約之即粉黛也商曰何謂也子曰繪後於素也而言詩之機自此啟矣見夫誠愨之先敦槃也商曰禮後乎子曰起予者商也而言詩之學自此深矣始可與言詩已矣何必言詩

緣緣入扣躊躇滿志矣

何必不言詩哉然後知不悟不疑不疑不悟持斯意也以往則詩中有繪繪中有禮將六經皆詩餘也何詩不可讀亦何禮不可悟也歟

題自原自不滯文以機致應之錯落游行氣骨都仙未後推廣一筆更為得之正見論詩知學陳默廬先生

聖賢兩〻相商。一言一轉。絕無粘滯。斯文叚〻相接。一境一趣。都有精義。自是舉業正宗。林雲友師

一片靈機。色相皆成解脫。笑句箋字。釋者皆作粘泥絮耳。蔡芳三

此題文忽斷忽續。為疑為悟。離奇變化。不可捉摸者。莫如正希先生作。斯乃可與之爭席。李惠時

南華奇變。隱入禪宗。斯作奇變。都歸平實。其忽疑忽悟。超忽離奇。應從白鹿領趣。不是濠梁薦機。禓邁甫

子夏問曰巧笑倩兮　全章　　　　秦黌

疑詩者即可言詩學固樂有解人也夫後素以釋為絢之疑禮後即以廣為絢之悟解人匪如是耳詩可疑詩不更可言哉且讀古人書正不必深信乎古人而疾徐輕重間一辨難焉而引伸於無盡惟是質一疑即折一疑而得一解更闢一解一室師承相印於

起提無知此自然紆宕老

古人文字之外者曰相覘於古人義趣之中不觀夫子與子夏之言詩乎今夫言詩者必言人所不必言而即言人所不能言乃深

覘挈無知此自然灵妙者　二比分擬全題精神疑說

有味乎其言之者歌嘯皆為無情而讀書必求其詳雖單詞未釋不敢設游挋於師心頓悟豈拘成轍而觀理而會其道雖意鏡相

丁夘科鄉試文起　　節　　汪洵

懸不雜發精深於雲府即如倩盼之詩專言素也何疑於為絢哉

乃子夏比而同之而微泥其節次謂素自素而絢自絢不聞以天

字字然也別出

事代人為維時夫子分而晰之而剖別其源流謂素自素而絢自

節次恰好剪裁滅迹

二而二而一而同非也為

絢原不以最初為繼起同繪事後素此一解也蓋直抉夫為之之

字字而即逆起和後意忘開手執相括相承　二此發身經

意而知事之有待於為者皆其後焉者也皇古渾闢無物耳無端

而日月河山無端而蟲魚草卉渾事而增遂有加而靡已而一追

溯夫兩儀之未闢何以有是燦然而紛陳也微其故可令人想像

得之今日規為大備矣乃其先為土鼓簣桴又其先為太羹玄酒

變本加厲正相得而益彰原一洪製於萬彙之俱興原不外土六八

文之彌朴也此其妙可令人深長思焉子夏於是憬然悟悠然曰禮後乎其得之詩乎抑不得之詩乎一爾之詩者固端竟委幸操耳之有人不得之詩省旁推交通殊會心之獨遠言人所不必言即言人所不能言起予一嘆蓋謂子夏於詩深有味乎其言之也乃如無言而觀道妙六經未足全善善教者不以詩釋詩善學者亦不以詩証詩繩尺洞然陳迹別有新機之引而我以逆古人千載有如契而得意者方忘言而自喻傾耳者覺長言而有餘同堂共証一日可商百代之全始可言詩徵聖賢相會於微而角人可揚得哉

收微又

無加此自然究竟好者

請來又何暇好發錄

其心好結構安頓則妻人細意熨貼平裁縫滅盡針線跡也其火氣特完起落則下手落筆風雨狀筆所未到氣已吞也文兼此二美者嘗勤於是文屢心矣　甚麻

緣起後即按數語全題節次俱起揮中以下直至應此處只作一筆寫去故中間整散疏密高下起落節節滑勢筆筆有神而高拓禮後二比遠度渾神尤據一篇之勝○有意重注禮後每並為一篇之良此卻全以神力高運故意到而筆不滯　修大

為題所縛豈能扼題中二比貸身題上心凝形釋想見全局既定伸紙疾書時何有千人萬人唯吾獨往獨來耳　味甚

子夏問曰巧笑倩兮　十八名　秦大士

學詩而得於禮詩事有傳人矣蓋子夏非不解絢之後于素故夫子以繪事証之而遂能通于禮詩學之傳不以此哉嘗思晰一理而能兼衆理之長觀一物而能盡萬物之變者其端妙于善疑而其功歸于善悟泥于言中者失之即僅會于言中者亦失之學詩（含毫邈然）之事非解人莫與屬也此其道蓋或善于詩今夫詩之為教也寄其意于無迹或一意而交集百端抽其緒而皆靈或一緒而更含數解蓋作者雖言者亦不步也夫何子夏讀倩盼章而于素絢不（有其一絲虛華無痕跡）解其所疑乎是蓋泥于華采之不相蒙而比而同之則太璞白完

且彝琱于既琢既雕之自一不不知析大節序之不煩凌則連而反
之而白賁无咎始可加以有文有耀之覯雖時子夏不喻素之為
業革以法　岁中
蓋未識素之後為絢也且夫天下事不必絢而類于約者亦孰
捉以眩通休灵沫
不在所後哉從其先而觀之渾然之宇宙忽有踵事而增華者况
妙于聲身象外預立其幹故于欸月字夾通起落處
麗之先寔本彌樸之文以肇之反始者所當靜驗于聲希味淡之一
渾然而絕非凌躐者可比也
切從其後而觀之樊然之天下必有扶質以立幹者內含之華蕚
假外著之象以飾之崇本者所當默喻其白受甘和之故一子曰繪
長妖
係借經生成故也
事後其以會之在所後明絢之在所後而藻采不先于素質一子夏
曰禮後乎以繪之在所後並悟禮之在所後而揖讓節焉其敬恭

[illegible]表○之○神○微○約○可○思○

微乎道以反以以而若然以解微妙者喻于不言即其合而若離

而解則以通空曠者遊于不盡在數者不執詩以言詩而繪與絢

秀○是○一○氣○直○走○卻○又○曲○折○俱○盡○文○

○久○然○深○悠○矣○

仍以類相從而在聞者遂舍詩以言詩而繪與禮直以天相感矣

○融○便○經○道○

蓋信乎作詩難言詩亦不易也起予一嘆予能無心許哉乃知讀書不誤聰明無以日新頓悟不神數學莫由相長厥後聖門詩學之傳惟西河特著其以此故。

成竹在胸借書于手先正之所謂篇如股股如句者曠數十年而遇之諸老名輩多借不以此以、元甚原

全題從吟數過將題之神理節奏血脉淡入于戊之神理節奏血

脉以下只用一筆寫去。筆無停。毫墨無滯。潰而個中起落波瀾。曲折渦抱。無一不盡態極致。看似不用意為。寔則文成法立。磵泉天才許。縱動華經史紛綸。鯨鏗春麗。海內誦服久矣。此何然為斂氣歸神之極。非竟肯絢爛之後。歸于平淡也。然于持衡者未始無針芥之嫌。以是知才人何所不可。而成器自不致道掖也。

修大

欽揮霍之才。細歸繩尺。動則兩美。此文極意歛束。而結密之中。自來生氣鬱盤動盪。善作者揮霍之文。繩尺本不差毫黍也。味甚

秦

子夏問曰巧笑倩兮　一章　秦大士　名十八

言詩而通於禮詩學有傳人矣蓋子夏惟不觧絢之後於素故夫子以繪事証之而遂能通於禮詩學之傳不以此哉嘗思晰一理而能兼衆理之長觀一物而能盡萬物之變者其端妙於善疑而其功歸於善悟學問之事非觧人莫與屬也此其道蓋莫善於詩今夫詩之為教也寄意於微巽而善入遊神於淡婉而多風蓋作提

出說詩方合章旨

者難言者亦不易也夫何子夏讀倩盼章而於素絢不觧其所謂乎是蓋泥于華實之不相蒙而此而聞之則太璞自完且無辭於既琢既雕之目而不知析夫節次之不相淩則連而及之而白賁

五科鄉會墨妙　十　郊江南

旡咎始可加以有文有耀之觀維時子夏不喻素之為絢蓋未識（安頓）
素之後為絢也且夫天下事不必絢而類於絢者亦孰不在所後
（凌空發論如慧機猿子離從中恰不覺說做拋彈頭放）
哉從其先而觀之渾然之宇宙忽有踵事而增華者焜麗之先實
（妙）本彌樸之文以肇之反始者所當靜驗於聲希味淡之初從其後
而觀之斐然之天下必有扶質以立幹者內含之章第假外著之
象以飾之崇本者所當默喻其白采甘和之故子曰繪事後素以
繪之在所後明絢之在所後而藻采不先於素質子夏曰禮後乎（傾瀉敘出妙極）
以繪之在所後並悟禮之在所後而揖讓第寫其敬恭從乎近以
及遠而相悅以解悠然者喻於不言即其合而若離而觸則皆通

曠然者遊於不盡在教者不執詩以言詩而繪與絢仍以類相從（無不備細矣）而在問者遂舍詩以言詩而繪與禮直以天相感矣蓋信乎作詩（妝應一片）難言詩亦不易也擬予一嘆子能無心許哉乃知書不求解聰明無以日新領悟不神教學莫由相長厥後聖門詩學之傳惟西河特著其以此歟

簡嚴與貴風格不凡　原評

不事鉤棘迤邐寫來深得題之真神理法精細無踰此作

第五册　卷十四

子夏問曰巧笑倩兮　全章　三十二名　范增輝

言詩而得學禮之本詩所以有傳人也夫素絢之詩何關于禮子夏即繪之後而知禮之後則學禮有本矣言詩若此子能不嘆其起予也哉今夫萬物之象日趨于文而君子之學無本不立唯明乎為學之序者所辨在章句之末而所悟在秋殺之原斯討論之歸實踐正聖人所急索鮮人不得者也不觀夫子與子夏言詩乎夫詩固未易言矣誦弦為披吟之業而口說無與于心得則誨明亦徒費研摩故流連于白始六義必能即小物以覘大道而後窮經稽古不徒尚歌風肄雅之才訓詁為講習之常而參稽無關于

直○爭○主○腦○

健○舉○獨○抒○清○音○高○徹○

丁卯科鄉試子夏

發蹈則几席亦何勞辨論致探求于質疑問難必能緣文章以見
性天而後觸類引伸觸足微好學深思之益子夏一日讀倩盼之
詩而有疑于素以為絢之謂特未知先後之有序耳夫子以繪事
後素解之亦可以無疑于詩矣而不謂子夏遂恍然有會于禮之
為後也今夫大經（鈎入）小曲象于繪而本忠敬信象乎素威儀所以定
命也而不能盈缶其孚者必不能顯若其觀即欲五采彰施殊覺
無附麗之處耳夫人心之誠通誠後原貫極于無色而人事之有
（氣極精粹）
節有文乃致飾而能亨此其理詩未之言也而由繪事例觀之則
（而神理仍絲不走）
徊于言之所蘊含于不盡者矣規矩所以物躬也而不能繹回以

增美者必不能崇雅而黜浮正使百端塗飾適見其暗質之虧且夫性立于無禮之始唯含章而可貞而文寓于體事之中自光遠而彌羅也其意謂不啻其已言也而曰繪事旁通之則正聖心之曲折深邃所暢然而滿志者矣夫學禮之不可無本也明矣而商即于言詩游之以此言詩不誠可與言詩者哉夫子嘆其起予有以也蓋在子之起商也自可受釆原隱示以因性作儀之義而以商之起予也悟由篤信自克體矣善教繼志之心地曰三百篇之傳屬之西河氏亦可謂幾聖人之盧教萬世無窮者矣

步步走寔卻筆筆變空神足韻遠四角垂芒　史荀鶴

范。

重扼禮後作閎隘。而前後意蓋注赴未始不條〻就窾。至鍊意。錘聲。約之則細筋入骨。放之則清響薄雲洵為是科傑構。甚原

風骨高騫故負聲有力吾輩散冗當急就其藥。修大

素以為絢　後素

廣西南學院科入　倫亦中
臨桂縣學第一

疑詩之言素絢者昧後素之說也夫詩言豈即素以為絢猶言繪事必因素以為絢耳自夫子以後釋之子夏尚何疑於其所謂哉且夫讀古人詩有一語之未解聖門師弟必從而參考焉況有關於質文之數者哉然豈其質猶文而文猶質也則何文一而二之

轉句為字後字以被齊下一筆遺露玲瓏

[illegible]

轉若詩之失悉也如子夏引倩盼之詩所疑尚不在此也而

詩之妙以繪畫為比觀其中畫之質畫之飾一語自見

則云倩盼也則又有比之以繪事者在夫繪之不能無質也明矣

語出最為得[illegible]　帶起謂字莫明素絢

淡泊無華然太質所謂素也即謂之絢不得也繪之不能無文也明矣丹雀惟塗煥乎有文所謂絢也仍謂之素不得也乃逸詩

則云素以為絢是無為也即有為也假令詩人而掌乎作繪之職素一絢耳初何所施其事抑有為也猶無為也假令詩人而問乎繪畫之工素即絢耳更何所事於為然則謂之素而又謂之絢謂之絢而復謂之素將使實沐反尚以清揚乎識何説處此哉則曰誤矣幾忘素與絢之次第也矣夫素何以絢以繪故絢也與繪本兩物而繪乃其相合之由故素不必有繪始成絢必藉繪始著是素固不設色而為者也絢則潤色而為者也抑素何以為絢繪即其所以為絢也素與絢不並立而繪於其相間之際故絢苟無素將并無繢素必先絢方可踵事是素固莫為之前其蘄其紅事

人道蓋後宋對上為字下針如此法煥其政也

者也絢則莫爲之後其終事者也子曷不思繪事後素乎天下

豈有倒行而逆施者乎蓋詩云爲絢殆不啻云繪絢也夫素乃天

語指點破悟　斷尺為錢在此　以素為絢便然先後次

工所繪乃人事人事不後於天工乎而何尚昧乎加之有序抑詩

蒙故特以後字點醒

云素以爲絢殆不啻云絢以繪素也夫繪主於施而素主於受施

者不後於受者乎而何尚昧乎白之非采令而後子夏之疑於詩

是解是說但恩上截

者信矣夫子之解乎詩者明矣孰意比類而通旋觸類而悟也

識解獨出遂覺筆有化工然緻密即在註中非求新好鑿也　原評

家註云素粉地畫之質絢采色畫之飾如有素地而加采色也

此詩明以繪事相徵夫子故即以繪事相解惜從來無推闡

素以爲絢

倫一

老殺解殺獲如破天荒如闢蠶叢匡説詩解人頤矣。但拔得之眼慧語妙得之心靈前半是繫鈴手後半是解鈴手　黃考存

剖析為字後字針鋒相對靈氣往來何用六朝金粉。上二句是賦素絢句是比所謂賦而比也。援繪事處揭出此字齊藏皆

黃鶴壽

素以為絢　後素

科考福清縣學一等一名　倪逢春

於素絢而疑所謂、聖人以繪事通其辭焉、蓋素以為絢、詩第渾而言之、商故未解所謂也、夫子以繪事釋之、而義判然矣、且天下有事屬兩途而功歸互用者、此欲遽為解焉、而其解幾窮、蓋昧其互用綫欲渾夫兩途而析為兩途、乃以明其互用其間有次第之施（切潔）、而無凌躐之等也、巧笑倩美目盼、此言素耳、非即謂絢也、顧天質既具、人工可施、詩人于此固明明有後於素者在其意中矣、素以為絢、商何不解之有、蓋在詩人長言咏嘆之下、未嘗確指夫素實先絢也、然鄭重而稱之曰素（机杼一新）、始遞舉而及之曰以為絢、是非混而

同之也夫明明有所謂素又明明有所謂絢此固何嘗有混同之
意以為可解則無不可解矣而在子夏袛徊諷誦之餘未及徹會
夫素將待絢也第矢口而出之曰素即隨聲而繼之曰以為絢則
幾一而視之也夫素自有所謂素絢自有所謂絢而此偏若有一
綠素在手
視之情以為不解則誠不可解矣何謂一問子夏亦思詩所云為
者乃其有所事者然為有相因而見者事之所以連而及也裳衣
製而即布以山龍之采旗旒設而即煥以日月之章由素而絢隱
截清以為貼切画工不夾雜染稍熟
若有一時並集之機而輝煌有象為有相需而成者事之所以漸
而增也爾不湅帛何以青赤雜而為文爾不漚絲何以白黑合而

爲黼黻匪素矣絢自不無須臾少緩之勢而差分難淆詩言絢于即以絢明之不觀繪事之後于素乎蓋極藻績之能幾以人巧奪化工之柄而要其繪采之初則雖丹青具陳不能憑虛而有托無他必有所受之也夫事既彰人工斯繼何得以黷淡作炳蔚之觀盡繪畫之巧幾以人力窮萬物之形而一間加工伊始則雖元黃備色不能無藉而妄施無他有爲之地者也既占白賁斯兆文明無容以朴邀代光華之著然則繪事也者即絢之謂也後素也者即素以爲絢之謂也商何不解之有哉要之子夏沉言夫素絢之義故未經指示而索解難融夫子析言夫絢之功故略爲提撕而積

既已破明素絢之謂商之悟顧未有窮哉○

予懷杼柚相質披文　子夏所問是素絢夫子即以繪事後之

此時問答關並不添設別義試卷中幅有用推開一層用文質

參語者意欲闡動下文不知走漏消息則子夏之悟反如嚼蠟

夫子起予之言亦為贊美併及之

巧笑倩兮　謂也

江南謝宗師月課吳縣學一名　徐元臣

賢者讀逸詩而有疑于素絢之說焉、夫倩盼素也可以絢也乃子夏讀之而不知所謂也遂問曰商自奉夫子刪詩之教其他散佚之章一言亦將求其歸也乃其文有弗比辭有弗屬以意逆之而不得則如倩盼之詩是已是詩也不同衛風碩人篇也碩人二章亦有倩盼之詞未嘗即為翟茀之盛蓋素與絢二也非可混言之（何云倩如盼提起口氣亦）也乃觀逸詩所云直以素絢為一致曰巧笑倩兮美目盼兮即繼之曰素以為絢兮是何其言之混哉物惟真者為貴耳靨輔承權（蜂倩有致）明眸善睞豈由粉飾乎乃詩人則曰豈無膏沐何必為容矣其誰不以稱揚之無當乎抑得于天者稱絕耳類頗頓開徵歸徐引豈曰人工乎乃詩人則曰縞衣綦巾是則雲荼矣其誰不以比況之失真乎夫素則樸矣絢則華矣豈才堪賦詩而華樸之名不能分也素者質耶絢者文耶豈名稱博雅而文質之稱不能辨也故謂其珪璧之質不嫌容儀之陋則其說可信而謂其氷雪之姿等于鉛華之御則其說難通意者原誦之流傳亦有如己亥三豕之訛歟耶抑鳌訂偶疏不無殘缺故其說支離膠固而于理未順耶商也章句以綱之訓詁以紀之風詠以昌之涵濡以體之終不辭多所祇悟也蓋自刪詩以來商序其端咸謂商深于詩者或有問于

涉云微詞淡筆似帶詼諧妙甚

寫出一肚疑團剝蕉訣石龍鸞施搏

結有別致

商曰倩盼之章素以為絢兮何謂也商何以解也

筆意清雅蕭森數竿爰然凡卉之表俗情自不着也　何羲門

露下芙蓉月中楊柳清華豈俗艷可幾　曹諤廷

巉巖戍削玉嶒冰空此中佳趣與無香人說味不得

蕭疎取徑隱約取神似倪迂作畫疎林遠岫別有神韻　馮春巖

巧笑倩　徐

子夏問曰巧笑倩兮　全章

一名　徐步瞻

質所疑以堅其信、深於說詩者也、夫後絢於素、子夏徵於詩而未喩處信也、得夫子之解而悟深矣、宜其契聖心哉、從來說詩者、必問難於言中而後能旁通於言外、亦必契合於言外而後無固執於言中、蓋一心之疑信相尋、而義類之引伸靡盡、惟即其意所

團結渾成意度深雅

偶觸而反覆以發相長之機、其絢繹有深心而風雅皆寔獲矣、令

關要于起前提綴全脉豁動而自无淺序泛篤之病　所　河元

夫天事與人工分途而立、而迭生與踵事次第而推、天下事之相因而迭起者大抵有居其後焉者也、聖門子夏篤信有素、其於詩之詠巧笑詠美目者、固深知其素也、非絢也、而必舉以爲質者、蓋

隱然有後素之謂在其意中矣然未敢遽信也夫學問之事以善疑而得善信之歸而物理之繁以相掩而著相成之用何則淡泊之初人為未起素焉而已乃自作會作服而藻采宣焉紛華繁於太樸白賁飾以文章絢也不出域於素也渾穆之始簡質可風素焉而已乃自貴飾貴多而彰於麗焉緣情有以生色即事且以增華絢也莫不始於素也夫予既其解於繪事非所以破其疑開其源進以言詩之益而與以相長之机哉而子夏果悠然會矣以為絢居素後而天下之居後者不獨絢也彼夫玉帛乘章有與而致者乎肅冠裳於繼起商且得予說而通之而夫子亦欣然慰矣

實○双○起○着○○得○得緊法

再從一層○立○虛

風○飛○來○流○不○住○停○蓄○深○厚乃渾○通○身勢○曲

片○叚○机○

以為因詩會禮而商之心解於不獨禮也彼夫四始六義不有引而長者乎攄頡悟於篇章吾將於商也與之夫子與子夏相淂其渙然後知素絢之解非素即絢也蓋絢後於素也天下事之相因而决起者大抵有况其後者也義不容掩言詩毋泥於詩理有可推因詩且達於禮聖賢教學之妙於說詩淂其概矣

文之至者必神到理融而止此趨前兩節問荅偶然隨事作解不必過事爬梳即禮後一悟子夏豁然神開靈机虎宕然亦止是意餘神表不着言詮彼強作解事着力拳喧者皆漲塗虛鋒也以神遇而不以目稽元作渾然大雅矣

蕙原

題前提立着ゝ得先。于要之疑為守。原自見得素又一流。絢又

于要問　徐

一意前半偷後素一語。既有神巧。敷承中微會句。更無痕跡也。

後半依神函貌不欠一絲。不溢一絲。構局緊運氣靈。以此滑充

其不媿正始遺音乎。修大

局度渾成。机神鼓盪。不着色相而處ゝ警動。所謂前到的中非

爾力。風行水上自成文。一點元燈。原在不遠不近間也。咏芭

巧笑倩兮　二節　　徐周章

不解乎逸詩之謂者、即以繪事解之焉、蓋倩盼素也、而絢則其後焉者矣、不明乎詩之所云為者、獨未知繪之為事乎、且凡天下之相須而成者、必相因為用者也、蓋相須者既不容已于本初、則相因者自不能已于繼起、學者偶流連古人之言、而莅乎不得其解、則惟為之引伸厥旨、使知相因者之未嘗淩節以施、即知相須者之初非混淆莫辨也已、昔夫子刪詩、其間逸者亦多矣、意皆義無關于勸懲、指無當于美刺、故置之不論乎、如倩盼之什、亦其類也、乃一日者、不知子夏何以忽有感焉、因為述之于夫子曰、巧笑倩

今美目盼兮素以為絢兮吾想詩人之意豈不謂笑而見其巧
推原詩意即繪對後字妙在渾然不露
而見其倩是得乎生初者厚也昭質無虧洵足為加功之地抑目
而極于美而極于盼是稟於性始者優也賦姿殊衆誠堪為致
飾之基是以緣倩盼而即繼之以素絢也繹其文玩其辭素何事
逗事字
欲絢何事欲必有能辨之者一自子夏述之若以為倩盼之為素
也其易知也倩盼之素即為絢也不可解也用是不能無疑也夫
原評云此素字後字探驪得珠并捻事字亦及禮字
子曰無疑也為則有為之事也天下無所事則無為無為者無所
亦已說破妙極
待有所事則有為有為者有所待者也抑天下無所為則尚安于
無事無事者任乎天有所為則漸趨于有事有事者任乎人者

無待而任乎天者其處乎先矣有待而任乎人者其存乎後矣不觀之繪事乎虞廷之日月山龍不在衣裳既具之後乎周禮之文章黼黻不在湅帛既成之後乎然則詩人之所重其惟素矣假令笑非倩也目非盼也雖欲踵事增華而窮于無所憑是猶素之不存而采色之施莫為之受也故言素而後以絢繼之若曰此不過發爲者耳曾何足與素並稱乎然而詩人之所重亦非獨素矣假令笑已倩矣目已盼矣而苟樸遬少文亦覺其鄙于陋是猶素之徒存而元黃之飾莫為之盡也故言素而即以絢繼之若曰此固其後焉者也豈有素可以無絢乎逸詩之所云爲者其是之謂哉

「水曰辟的誠」

「股大雲霞字中雅有斗」

「對法借大士之秘」

而意

應起收叠更焉

為者固相須以見功而已不能復返于太素之始後者寔相因以見美而要不能更加于既繪之餘子之就詩以解詩者如此不謂子夏更怡然得悠然會也

只就後字解為字不于題外添一議論而禮後句已如矢在弦用意之靈揆由理足固無他奇巧也　任又萃師

制題而不制於題承堋夫凡惟熟也故巧也　嚴衛求

巧笑倩

美目盼兮素以為絢兮

歲試同安學一等二名 高一揮

繼倩而通形其盼卒舉素絢以合言焉夫盼與倩並傳質之具有其素也而竟以為絢焉詩言不可述乎且殊尤自命之姿亦不輕於一顧矣故相視之際論容飾者彌詳焉蓋精神別具爽朗之致（詞氣安和不覺題之棘手）態以通形而益妍而幗幅即呈采色之華詞以連類而並及明眸善睞之下不有與靨輔嫣然者俱嘆為天質之絕工乎邈詩之咏（大雅不羣）巧笑也不既倩乎此即不必朱幘以為飾翟茀以為容已令人心寫於望顏承色時矣而況天予以巧者并不欲靳以美光彩襲人一遠望而意為之注質以巧呈者且復能以美著清揚可接一近

矚而神為之移于是又咏之曰美目盼兮人皆有目而清與濁稍易其位則眊然之象幾等涇渭之不分茲之盼也宛呈一清明之槩矣睹艷冶於凝睇而愛慕在中乃不獨倩容於啟齒人各有目而黯與晳并區其界則雜然之氣幾等珠礫之莫辨茲之盼也顯形一昭朗之規矣挹芳姿於含睇而摹擬曲肖乃不獨取媚於解頤夫美目以美猶之微笑以巧此據乎其質而言也大約不離乎素也抑既以倩形笑旋以盼形目亦不溢乎質之美而言也則固無與于絢也乃詩又咏之曰素以為絢兮夫詩有專言素者鬒髮美以如雲揚且美其如帝言素不兼乎絢也而茲則直以素兼言

之夫天下質之不可混文猶文之不可混質自有詩言一若具此

圓瑩方規隨勢成象

目之美與笑之巧者玩白賁之占即錦衣之飾不是過也而等而

畢之不難以渾同者觀其合且詩有專言絢者羔裘紫以三英素

絲被以五緎言絢不并于素也而茲則以素并言之夫天下實者

不可為華猶華者不可為實自有詩言一若悪此目之盼與笑之

倩者咏靜女之姝即副笄之加不逾此也而比而同之不難以統

攝者槩其名蓋有美必合者事理之常得盼以係于目而笑益形

其嫵媚之致而無徵弗彰者風人之旨舉絢以屬諸素而素若具

有爛熳之觀是何謂也敢以質之夫子

題所應有盡有題所應無盡無斡補無痕渾淪不露固應以能

事相推

素以爲絢兮何謂也　高奕宗

就素絢之謂者合素絢而求其解者也夫詩本先言素而後言絢矣惟子夏讀之而泥其辭遂不能無疑於所謂耳今夫詩之立說易知而惑人者入於往往讀其辭而輒眩然於所謂況大日用之儀衆所共趨慈非至闇昧無識之人聆其聽然而得其義之所在而然復疑爲不謂至今讀倩盼一詩而偏令人索其解而無由也意者宇宙英華之菁其不激者雖專在精神而兩間物色之貽其不盡者尚賴夫增美而詩似不謂爾也曰素以爲絢兮其在惡朴者聞之紛華靡麗所欲無厭則方且已絢而不以爲絢而況云是素即絢也一在愛朴者

入是題前反逆法

深層看好

西○眉火通　黙○蓋辭作　焚○胸○焦○已○楚○何○謂○句○作○沛○並○是○

閒之性情嗜好淡薄自甘亦然無本絢而遂以爲絢而況乎以絢易素也且夫一物而異其名者其形不相類也一物而殊其用者其色不相得也素自素也絢自絢也誠若詩言而素絢之名不容並立素絢之用何妨互易其謂是風俗之靡也賴君子還淳反本以救其趨

○惑○賤○論○于○数○約○不○悉○虞○選○

彼千百世以前之作詩者或亦有見於當年之氣習風聲未肯斥夸崇儉而因以斯言當白賁之尚未可知也抑謂是人心之侈也賴君子守貞返朴以約其衷彼千百世以前之作詩者或亦有見於當日之浸淫漸漬未肯崇質黜浮而因以斯言當闇然之章又未可知也而不然者其謂之何

前評

用意甚婉著筆甚輕吸風飲露亦斷非山澤之癯 原評

出筆不肯落第二層而處處活叅題意風味自存筆墨之外 蔡羅虔

素以爲 高

巧笑倩兮　全章　　高景光

言詩而言無所泥、聖賢共喻乎無言之解矣。蓋商疑詩言、而子言繪事以申之、子未言禮而商言禮、後以通之、無所泥於言中、不共得其解於言外哉。嘗思詩三百篇可以一言蔽也。顧領其要一言足槩乎全。至參其義、即單詞隻句之間、亦為累千百言所不能盡。蓋詩長於變、則詩不盡矣、言有後人之讀而論焉。亦言不盡矣、意得其意而通之、將言中之解、有不外言外之解無窮、而古人立言之矣、下遂相與莫可終窮。子夏長於詩者也。故樂與子言詩。乃日者睍睆詩、彤篇當口誦之餘、偶為比物而連類。遂於擬議之下高自納才竊恐以文而辭不禁下素以為絢一言混質所謂也蓋商之於詩此臣不敢畧截大意矣中藏於格其病更甚於拘牽故誦詩言而必為句析其疑字求其所庶幾下貞肄業之專而子之繹詩正無事煩稱遠引矣踵事增華其功皆緣于繼起故即詩言而睇天人難混文質難淆自可共剖風人之旨繪事後素子不必舍詩而別有以既商也而啟商不啻實多也商誠樂與子言詩也顧詩人之立言於詩也往往以少言而該乎多言篇什之歌陳域于章句邃深之寄泛溢乎文辭使讀一詩而祇求一詩之寃竟則夫鳶魚悟道切磋喻理講貫莫詳其義類而陳編曷闢夫新機且詩人之

寄言於詩也又往往以有言而藴于無言游觀贈答不過因事以
致誦思而俯仰古今要可諷觸而深領悟使必執詩而始得詩義
雲飛川泳觸處靈想
之旁通則夫南陔無辭白華無句穿鑿適錮其靈機而居今奚堪
以論古不謂于言繪事而商言禮也端有可引而若爲素絢惕其
辭子言繪後于素而商忽言禮後也機有可轉而更爲素絢進一
解是詩不足以窮商也意藹口中有莫可名言之隱得解于言解
好引人當必爾
而有解必徵覺宇宙中六之閒品繪象即在上隱含詩意也近稽
大塊什不即涵證在心源哉於商更可不窮于言也神超言外有
得意忘言之旨觸類於旁辭而靡解弗融於耳目間無形之繪胥

可知無文詩皆可咏也析義在一堂則今心是千古哉子如賜學商起予乎柳寧蕳可與言素絢之後先則賜告之予即詩言詩見非創也商因詩言禘悉無滯也乃說者謂詩禮本屬相通故論詩可兼論禮柳知執禮之見即昧乎詩之意矣夫言也者思也思不窮即言莫可窮緣起得悟如商者其亦可登作者之堂矣乎故巧笑一篇得斯問也乃雖逖而以存

堅光秀采直從寢食于古得來豈但說詩解頤已也　葛裕庭

巧笑倩兮　三句

常州章郡尊季試　進一名　唐虞傑

讀詩而求得其解、先述其辭於聖人、焉夫詩詠倩盼而繼之素以為絢、非必云即素而絢存也、乃子夏則泥乎為之之說而述之於夫子曰天生人而有其質人有質而善其姿此自天為之宜非人為之可擬矣若乃天巧之所彰而即泥為人工之所就風詩雖逸有不禁往來于懷者而令得為夫子述焉蓋詩人之善揄揚也往往多諛美之詞故傳其人必傳其人之形容必傳其人之姿貌而揄揚之語遂不能無所諛也一抑詩人之善誇麗也往往多溢美之意故寫其人必寫其人之神情并寫其人之丰采而誇麗之言遂不能無所溢也一商思

警如為字截穎　和待在　虛一氣二比氣度沖和　神注第三句

人生當快意之時孰不有笑〻不易見為巧也即笑而榮笑而騾猶

著筆飛洪

夫人之笑耳而逸詩之言笑則一若不假矜持而口輔間自形其巧

特地下此一筆反射為上乎

者焉然一顧倚極人間篸瑳之奇胡倩耶又思人身具五官之用孰

綠之分秀之精　波峭

不有目〻不易見為美也即目而揚目而秀猶夫人之目耳而逸詩

之言目則一若不假緣飾而黑白間自形其美者宛然一顧倚極明

盼蓋睞之致胡盼耶夫倩者笑也盼者目也猶是素也似乎離絢而

此來上句之下為睞蜂腰

素若者也乃笑而巧也目而美也不嘗絢也又似即素而絢存者也

詩人竟曲為傳之曲為寫之曰巧笑倩兮美目盼兮而即繼一詞曰

斟酌盡善

素以為絢兮從來素之與絢有難混之名素乃質也絢乃飾也自兩

名定言義名

[子夏問曰] 巧笑倩兮 三句（論語） 唐虞傑

笑乃仍當上二句作一片說

名也兩名而顯為相混之說笑耶目耶不見倩盼之間乃巧與美如是耶素而即絢是合絢于素以極揄揚之志而詩人曾不為危辭且

原評：提得起縮得住小題要手

素之與絢又有難混之實素自素也絢自絢也自兩實也兩實而乃為相混之形巧耶美耶不見倩盼之婆娑不離乎笑與目耶就素為

為二字看得綫同應起法

絢非混絢于素以畫誇飛之情而詩人曾不以為臆說是詩也詩人承之夫子刪之而商于今竊讀而有疑焉敢問何謂也

無往不收無埀不縮入境文心眾妙備六雅

連三句為題不便過為軒輊而文于起二股即注神第三句輕置倩盼側重素絢斟量而出之丰神擒映詞采鮮妍如引人于群玉

山頭　朱翰聲

淡掃蛾眉。天然風韻。予眞只緣將第三句為守讀滑。是以起疑。然一塊疑團。即在上面兩句生根。還待下文一句說破。文妙在神詮第三句又不拋荒上二句。不俯侵下一句。方處處肯本題三句。

方山

仍笑儂

唐

巧笑倩兮

曹辰容

引詩之咏笑者，謂工于言笑可也。夫笑而巧矣，而倩，咏笑者工矣。子夏引之，殆無疑于其言笑者也。且讀詩而不能無疑于其意者，非必其矣口而即可疑也。若其工于賦咏，使未聞其人之音者，讀其詞而音若可聞；未覩其人之容者，讀其詞而容若可覩。傳人之所難傳，亦何齒頰之畢肖乎。今即其咏笑者述之，蓋聞有寫笑之形者，曰莞爾，曰攸爾，而工拙未之及也。詩若曰：笑亦人所同也，然而工拙自有間矣。故咏笑而繼之以巧也。抑聞有傳笑之致者，曰粲然，曰輾然，而妍媸未之詳也。詩若曰：笑固非所獨也，然而妍媸難同語矣。故咏巧笑

而益之以倩也其詞曰巧笑倩兮夫詩人豈早見其巧而隨觀其笑（筆頭靈領）
故并其笑而亦見其巧乎乃言巧而屬之笑而遂可共意其巧者惟
有慧心斯有逸韻其所謂巧者可意而會也抑詩人豈既見其笑而
還意其巧故并其巧而具得之笑乎乃言巧笑而指其倩而遂可共
見為倩者以其輕盈得其婉孌則所謂倩者可想而知也是則笑也（動下大雅）
而以巧著意者人之巧由乎人之為巧矣而未必倩茲之巧不由乎
人之為倩所以呈其巧乎抑巧笑也而以倩稱意者人之于笑不可
以人為之笑每不能巧茲之于笑不必以人為之巧每形于倩乎笑（遍為字而警）
無可用其巧也笑而巧則無所不形其巧若巧與不巧之無可致力

也詩人其知之矣巧非所以施于笑也巧于笑而非倩又無以觀其巧若倩與不倩之未可渾同也詩人其知之矣即進而述其咏羨目者亦猶然其無可疑者也

純用白描自是大方家手筆俗下驅染煙墨彌不可耐也

巧笑倩　曹

[子夏問曰]巧笑倩兮（論語）　張　軸

巧笑倩兮　　張　軸

引詩之咏笑者非人巧也夫巧何以見于笑倩故巧耳人耶抑天耶子（渦表踊）夏非有疑于巧笑之說也而問曰天之生人也其有一定乎哉有天巧焉有人巧焉人巧尚矣天巧尤甚昔之人評騭巧拙而先即一端以擬其神為之歌曰巧笑倩兮夫人中有所樂則必笑故如皋觀弋博（題笑字從為表字寫照）一笑於獲雉而婉孌妙質因以嫣然標絕世之丰詩抑人中有所鄙則亦笑故帷歸觀客傳一笑于房中而嬌冶幽姿遂以莞爾著傾城之色澤獨（若開）是詩之咏笑者多矣垝垣泣涕且以晏晏言懽終風暴疾徒以謔浪為刺此第言其笑不言其巧也即

詩之咏巧笑者亦多矣碩人著望當與螓首並稱衛女思寧亦與佩玉同賦此或言其倩或不言其倩也乃商取逸詩而讀之口之容曰止而笑必有言詩不云然也彼其思公子兮亦未敢言矣而無言之笑其笑彌工詩人蓋繪摹焉無以盡其笑之態而但彷彿于口之旁也則以為倩而已矣輔之象曰咸而笑必有聲詩又不云然也夫何一佳人兮亦且吞聲茸而無聲之笑其笑愈婉詩人蓋擬議焉難以傳其巧之神而但傾倒于輔之動也則以為巧矣倩而已矣苟其大巧若拙曷弗懷朕情而不發而使人莫得其涯涘然造物者與以如山如河之質一頷可無此一咲乎纍纍之致哉

[子夏問曰]巧笑倩兮（論語） 張軸

頤可掬愛之者以為顧我憎之者亦當破涕夫豈疑有笑疾殆天真之所自流耳業已談笑有味即此識余情之信芳而何必曲擬諸形容然降才者畀以胡天胡帝之容又可少此一倩乎噫然之儼其風標婷見之者謂我猶憐聞之者謂人不厭夫寧不愛嫣笑蓋嫵性之所自露耳展如之人兮其所謂天巧非人巧與然而詩人且曰吾猶其志也

純以丰神出之為下素字繪影如此雅令之文在今日已為成連絕調矣舉岩先生固應獨秀江左　曹蕃威

註釋　如皐（左傳昭二十八年）　帷婦（左傳宣十七年）　傾城　李延年歌北方有佳人遺世而獨立一顧傾人

典制小題文偉　巧笑倩

城再顧傾人國晏晏衛風總角之宴言笑晏晏終風邶風終風且暴顧我則笑謔浪笑傲中心是悼螓首衛風
螓首蛾眉佩玉衛風巧笑之瑳佩玉之儺口容止見藏玉蘊禮成[illegible]其大巧妻子
大巧若拙朕情不發見楚詞如山如河見鄘風破顏為笑[illegible]山嚬
笑通鑑明主愛一嚬一笑笑疾晉書陸雲傳陸機初詣張華華問雲何在機曰雲有笑疾未敢自見胡天胡
帝鄘風嗟然衛風兄弟不知咥其笑矣其風肆好詩大雅我見猶憐桓溫以李勢女為妾郡主
況妬欲拔劍斫之見李在窗前梳頭姿貌端麗主于是擲刃前抱之曰阿子我見汝亦憐何況老奴志其目[illegible]

子夏問曰巧笑　一節

歲覆烏程縣學一等四名　張守毅

讀詩而疑所謂以絢之不得混于素也夫素豈同于絢哉子夏讀倩盼之詩而疑焉以為待直比而同之也云爾若曰天質之與人功其不可同類而語也豈待問哉乃若撥其義類肯欲以脩能而當山美之紛則撫厥篇章不禁以今人而疑古人之說不然理之不能強為同者今果異于古所云耶殊令人索解而不獲矣夫古詩三千竊嘗從刪訂之餘拜業及此他如歌追琢于雲漢問戴賡今玉之為相即其詠憤苐于農郊亦別著義脂之淑質素之絢也我能列而觀者連類而及後之人緣文考義無不心通其意確然

得其所謂芳兮總淡靖可愛焉其謂巧笑倩兮者本輔頰之多情
表承權之婉媚真覺笑可擬而倩不可擬也則對嫣然而莫為可
掬者謂其巧之動于天也素也一總謂美目盼兮者艶明眸之韵質
誇善睞之宜人殊覺目何似而盼不可似也則遇婉兮而賦其清
揚者謂其盼之率于性也素也一而詩乃即謂素以為絢也哉一凡巧
二比就在分者
之成于質者紛者不得而放顰焉謂生是使獨非若華之可以誇
多而醲靡也夫宋邢嬛而賦六珈亦惟邢嬛之是宜耳而謂象揥
玉瑱即為揚且之所自是則不待素而任絢我恐巧者轉無以獨
擅其巧矣一抑莫之運于神者嫵者不得而相眩焉謂妙于無心非

若○象○之○可○以○窮○形○而○極○相○也○夫○賦○彼○美○而○懷○瓊○琚○亦○惟○彼○美○之○是佩○耳○倘謂舜英舜華即為焜飾所自具則絢在即素在我恐美者亦○不○能○專○據○其○美○矣○豈○詩○人○見○于○素○之○可○貴○而○以○為○白○賁○之○貞○含（二○比○疑○在○合○看）章○為○英○故○舉○之○以○概○夫○絢○耶○抑○以○素○襯○絢○無○以○使○肸○質○有○獨○崇○之體○而○以○絢○混○素○反○以○使○外○炫○假○固○有○之○名○求○其○故○而○不○得○將○并○疑（精○心○析○妙○理○思○美○標○而○筆○下○言○清）巧○為○人○工○之○綴○而○美○非○天○授○之○良○也○抑○豈○詩○人○鑒○于○絢○之○宜○斥○而以○為○絢○爛○之○極○平○淡○要○終○故○引○之○以○歸○于○素○耶○然○以○絢○歸○素○無○以引○返○樸○之○機○以○素○擬○絢○適○以○滋○重○文○之○弊○索○其○解○而○未○通○將○并○疑倩○可○以○致○飾○為○工○而○盼○亦○可○形○求○繼○肖○也○何○謂○也

浙江試牘

多以塗澤為工此獨推出意理是之謂含英咀華

[子夏問曰巧笑倩兮]美目盼兮素以爲絢兮（論語）　張履旋

美目盼兮素以爲絢兮

浙江學院歲試
嘉善縣學一名　張履旋

再嘆生質之美焉而素絢更可述焉夫美目繼巧笑而咏旹言素也乃復曰素以爲絢然故子夏連述之且天之生是使獨者未有不兼乎衆美也故明眸善睞倍增嬌小之姸人競以爲天賦之優矣乃天事而即譽以人工則其詞之相連而及者詩雖逸而無容不竟其詞也詩所云巧笑倩兮者其倩也即其所以爲巧也豈所咏巧笑之璘琢玉之儷藻服飾之華采而言耶再賡其詞則曰美目盼兮秀絕之態其鍾於目者倍奇[illegible][illegible]盼也則精神之流注自貴盼盼之生嫣媚睞之下一啟齒而愈見嫵然殆亦有天援者耶艷

盼之形，其呈於目者尤神焉。而盼也，則神光之離合盈清洄態之
分明。含睇之餘，一斂顰而倍足移人矣。所有自然者耶？且夫詩之
賦美人者不一矣。碩人巧笑，意不盡於蛾眉螓首之間；君子清揚，
義無取乎玉瑱象揥之飾。想詩人之所為畫態極妍者，至於目而
芬芳之粉黛，均以為絢；繪以盼而藻績之繽紛，俱無可代。微詩人（提言外白有上句引起）
言，商固已知其深綮矣。乃詩又以繪之白素以為絢兮，天人判而（著筆都嚮）
素絢以分。詩若，倩之不足以盡素也，而於盼復傳其神，其擬議
於此，乃所試者不亦無儕乎？乃吟嘆有遺音，且不惜以采色之絢
披，相續而詠焉，則天人有合一者矣。贊文采而素絢以判，詩固以

倩之始足以言素也而於盼復動其思其求工於形似之表者寧有剩筆乎乃覩美於窮辭而不漸以容飾之輝煌相合而賦焉則質文有兼濟者矣夫詩之言素者有矣言絢者有矣獨茲之所咏覺觀其將乎怨如則色於丹青接其音容亦若天真之爛熳豈言素有餘者言絢無不足耶商豈三復此詩而不能不質之夫子

姿致多絕湖靈離山水英發　張懸濂

王摩詰山水乃天機所到非人力此文之描情繪景髣髴自然筆意殆與彷彿預矣

雅測集　五二　美目盼　張　論語

子夏問曰巧笑倩兮　全章　　三名　陸士坊

言詩而通于禮後聖人如渭之意外也夫以繪事解素絢予之言

詩上矣而商以為通于禮也起予之嘆殆相深以詩哉且學者闇

通章句即已自許解人而執一解無能復通一解不殊苦意致之

索然也哉乃摘句尋章幾若凝滯而解通一為解其所疑而滯于

審○慎○矣○巧○以○恰○義○題○

解者轉神于解即何弗相說以解而引以為解人也說在子與子

夏之言詩夫子夏固深于詩者也而何以惑于素絢之謂也蓋迷

龍○能○全○氣○神○應○力○大○

悟之相懸也用意偶蒙片語殊难訂證迨意以質而始覩斯類以

觸而自長而引伸無盡即俄頃而隱導其機而教學之相長也即

事揣陳詒示原無餘旨乃事可譬而知斯理可參觀而合而意
趣循生以往淺而互通其秘且夫詩亦徑難言矣無論大義所存
無能神明其義即片詞稍滯何由啟發其情素以為絢之疑商固
未知事之有所後也自子以繪事詒之而知素非即絢也然乎之
言詩止此矣而商之言詩更不止此矣今夫繪始于無文而禮原
于無體君臣上下此中必有難已之真而後揖讓拜跪乃踵之以
增其華進反周旋其先必有奉將之敬而後玉帛威儀遂因茲而
致其飾雖時商也等然深思穆然有得曰禮後乎于同微商言予
固本及此詩斷章而取義疑義盡則義且環生素絢之[illegible]工哉

微商淺也子兮因問以釋疑商又更端而起義而無端辨論遂以通學問本末之數如是以言詩將詩以內（明爽以達）無定義詩以外更無遺義也商其以詩相既矣言貴曲折而盡意一意明則義且畢達繪事之解子幾笑子淺也子僅明示于意中商已旁通于意外而二時感觸即以會節文度數之原如是以言詩將存之三百內者可以己意通詩意逸之三百外者亦可以詩意合己意也商其以言相深矣一起予者商也始可與言詩已矣是知子夏之深于詩也當其反覆于素絢之旨言詩未嘗言禮而經曲可參並不泥語言之末迹一及其會通于繪事言禮不必言詩而歌吟可化並不矜論說

之解頤。不然孰清聆之什以言詩一章句士耳。果得引為解人
哉。

氣清筆快。矣題如丸。金佁張

二提全籠通章。已旋吭而拊背。通幅暢達舒徐。絕無劍拔弩張
之態。完從養氣中來。味芭

素以為絢　後素

科考福州府學一等二名　陳陽

疑素之即絢者未審絢之為事也夫素非即絢詩曰以為絢而子
夏疑之忘乎先後之分矣子故以繪事明之且人巧足擅天工之
勝而人為必居天事之終此渾而無辨者務在分而析之也彼泥
西山爽氣
於辭而牽於義何怪議解之未融乎亦示以始終之序而其説明
矣詩咏倩盼美質具矣而非容之盡飾也此殆如素焉尚待此後
之從事耳而詩曰素以為絢何居是豈見夫太樸無華而併所謂
華者可盡去乎夫象著笄珈何以興歌於邦媛輝聯衣錦何以寄
頰折生姿靈和春柳
咏於碩人以是知昭質無虧未必鉛華之弗御也信如詩言則成

關中校士錄

以天者不復濟以人何以云白之受采豈見夫至文不琢而併所謂文者亦贅設乎夫飛蓬之亂或慼於膏沐之加佩玉之將適以

圓明如珠

佐舜英之雅以是知淑姿所鍾亦藉雕飾之頻加也誠若詩言則踵其事者不必增其美何取於賁之尚文素以為絢子夏之疑蓋未知素先而絢後也曾是素也絢也而無後於其間者哉天下事有不為之而第如其故者即有為之而更闢其新以素而絢固為之而更闢其新也詩已明明如告矣苟其陳編未悟而以有加未已之勢作一成不變之形則為之者在絢而混之者在素索解無

批郤導窾手敏心靈

從誰復審終於其始且天下事為之而盡其所終極者無非為之

[子夏問曰巧笑倩兮美目盼兮] 素以為絢 後素 陳陽

而循其所自起以絢如素固為之而循其所自起也詩又隱隱欲傳矣但使執藝徵忝而以造端託始之基為窮原竟委之論則於絢有為即因為有絢會心不遠何難由合而得分素也絢也其為（如王委地）之者其後之者也不觀繪事乎縟采之繽紛如雕如琢人固欽歎設之矣然掞藻而摛華何非扶質而立幹也水為之彰而五色非天然之質服為之辨而六章無預設之文藉即素以為絢則豈（後字落紙有声）無文之始即可以大文當之而外觀從以有耀乎蓋處於後者別備妙用已菁華之掩映以緯以經人固挹輝煌之致矣然施章而（異采陸離）設采何非相質而披文也合五方之色而後有正間煥兩大之采

閩中校士錄

而後有元黃使援素以為絢則豈抱質以遊即有與質並呈者而含章遂以著美乎蓋居於後者別具真能已繪之在後知絢之必藉為而後成也繪之後素知素之必待於為而後有此絢也詎可以後焉者淨而視之因致疑於詩言之無謂哉

藻以[illegible]飛運之正如臨風舒錦寒瘦與肥膩兩者均讓焉絺章繪句大雅弗尚六朝綺靡文公力起其衰意勝詞也篇中用典頗見鑪錘非同襞積故不忍沒其所長而非以詞藻見取并及之

素以　陳

美目盼兮　　乙未　楊椿

目有生而美者其盼可思矣甚矣目非盼無以見其美也美由于盼非生而即然者乎子夏者曰古人之文于臧物也往往即人身之擅美者曲為寫之然人有美於其形者亦有美于其神者美乎形者也猶可以盡美于神者難顧所後知盼神之所遊非以神相遇燕美稱無如盼也彼逸詩于巧笑之外不又云美目乎夫笑與目則當相應也當嗟笑之偶形而語默之餘和聲含睇而流眄動知笑之時已開乎目矣且目與笑噫相藉也觀言笑之晷而不瞻顧之際有時顧我而生情知目之盼又因乎笑矣故至之續紛象

是豐儀度閑雅之容，非不可求也，所要不若目之得乎天者。手如柔荑，膚如凝脂，其一身豔冶之姿，非不稱美也，而要不若顰之，則手目者，尤一何也。以其盼兮也。詩若曰：人亦猶是目也，何以碩人之風韻，見其多情，徵其有態也，盼兮美目，人所共羨也。何以彼姝之眸，炯然其甚明，而復婉然，其獨秀然，盼兮且人之美，即流千載者，猶能熟之，聽觀聽此，則流千載而賞隣于嫣也。盼兮一人之美，即當其靜也，不如動之際，有韻何如，此則當與靜而亦儷之動也。盼兮然，則其盼也，或作而致之者乎，作而致之，亦不能成其盼無若之乎也。不知有心而妙轉，而自顧盼之際，人是其眉睫

之御治美且異矣其將以久強為飾之者和終為飾也亦不恐其
為美矣若之人也未嘗欲形其綽約而自轉盼之而情態其嬝嫋
之際非美況無愛矣由是而副笄六珈稱佩其美器服飾以助
人即令縈綴次繁帶紛飾不鞶而目睞之下光飛而不給千態然起
美目盼多種目學見此則此盼非天然之姿存一而是而裁色散
笑有動其巧者遍依之為轉瞬盼令然淋羨濛凝望乃今流睐
之下清揚流不為之稍減有此美目而乎何數無美目也寧非
自然之盼倩者之何盼盼倩倩也如繪人貴以為絢耶

點題處為色有情而問意流盼令作然語恰極自然有豐情

錦心繡腸起下文跌宕多姿風神秀逸更喜引人入勝經大巫

起二比脫卸有情中八比備寫有致後二比照下多姿可謂筆

無俗韻文有賦心筱香書

吳日昤　楊

美目盼兮、

烏程羅中尊四 閔光緒
劉七名

目有生而美者詩之咏盼者可思也、蓋目有同視而盼則生而自美者也詩繼巧笑而咏之、有以哉且詩之工於賦也。每於人身之見美美者而曲為擬之。然人有美於形者更有美于神者美於形者一覽而已盡美于神者曲寫而難工故神之所注非以神遇之其美亦無由而傳乃詩則繼巧笑而咏美目矣以彼溫恭之度而致慨於綠鳳吾恐一顧神傷當有微露於目眼者妾必轉盼移情而皓齒者復見其明眸且以淑順之範而見嬿於綠衣吾恐目覩心（本心禁心翻）憂更有盡呈於顧盼者寄必徵眸生姿而嬌目者益彰其宜笑乃

工于裝繪

詩之所咏美目則與是吾見精采内含固出天然之姣好光華外著不關後起也爭妍何其盼也詩若曰人之目每以無心而失其美何以彼姝之目雖當無心之睐顧既粲然其娟秀復朗然其清明也盼兮人之目又以有心而飾其美何以碩人之目雖在有意

四比妙

能變化

之覩瞻既見其多情復覺其有態也盼兮且人之目當其靜時每不如動時之有韻何此則當其靜而皎皎者亦猶之動也盼兮人之目當其動時恒不若靜時之有神何此則當其動而炯炯者適如其靜也盼兮無論錦衣是褧有佐其美者固奕奕而動人即令縞衣綦巾粉飾不事而凝眸之芳潔亦自足以移情是美目雖多

而目中傑見此目也而桑藥瓠犀之外更覺盼質之無虧無論翟茀以朝有蓋其美者固依依而含睇即當燕羽差池瞻望泣涕而眉睫之艷治亦不為之少減（刻刻工致）是有此美目而天下幾無美目矣而蛾眉螓首之餘蓋見秀色之可餐蓋目之所聚者精惟精故明目之所傳者神惟神故妙（語言妙天下）是則人而不知盼者無目者也然與笑之倩要皆素也若之何而詩人竟以為絢耶

描摹盡致不著色相手筆獨高　殷紫洲

秀色可餐　金袺良

素以為絢兮　榜名黃哲

本學王老師月課第一名　黃啟

詩詠素絢，賢者急述之焉。夫倩盼素之而詩以為絢，子夏述之，其有泥於詩否耶？謂夫尚樸者期於無華而耀文者必無貴質，商不敏，竊謂此意惟風人悉之，亦惟風人能傳之。乃不意偶覽遺章文於混而一之，如倩盼之詩所稱素以為絢兮是已。晤質庶幾無虧矣。

批老致縝矜

鉛華之未呈艷，而詩不云然也，見為素，即見為絢也。手姿亦以世人得無彩黛之未施艷，而詩又不謂是也。此即素亦如即絢也。嗟嗟，陽城一迷，無煩翟茀之盛；秋波一轉，即是玉瑱之

詩淡雋有味

評警四語奔沖宕逸

詩之意，其以為而却是乎？然吾嘗誦詩之詠素矣，闇闇之出有

女如荼蔓草之野有美一人而且美如英美如玉既所見之不同子[illegible]手子之昌又所遭之迥別此豈不能有所為哉要祇以寫其[illegible]之姿綽約之態則皆言素也非兼及夫絢[illegible]不言綸者亦矣素衣朱襮美桓叔也充耳繡瑩念之子也他若黼衣繡裳琳王將之樂夫充以素而尚以華充以青而尚以瑩無非表其炳蔚之規著其麗都之美則皆言絢也非并言夫素也若夫有女同車顏之舜華而即繼之以珮玉瓊琚玼兮玼兮其之翟也而即終

評一路層疊俱為以為之字作勢

之以鬒髮如雲似合素絢而咏之然一則言素而兼言絢一則言

評正點為字筆簡墨鮮[illegible]

絢而因以素卒未聞其以素作絢也而詩必同為之則是以渥丹

【子夏問曰巧笑倩兮美目盼兮】素以爲絢兮　黃啟

朴於積茂奎盤

彰文采之飾以清揚之婉爲象服之宜以如圭如璧之姿絲

胡天胡帝之形以縞衣綦巾之陋爲弁六璂之文猶是素也而

絢稱焉至無膏沐何必爲容乎猶是絢也而素爲焉彼美淑姬之

事瑕悦乎商所由反覆咏之與會討之潛心究之按義推之而來

許到底一不懈

字天為此詩者其亦如三豕渡河之誤否耶敢請夫子何謂

師意評

文衡詩解素絢言素而不言絢此言絢　上溯素引經

素以為絢　後素

科考古田縣學一等一名　黃世楷

賢者渾素絢而疑之、聖人通其解於繪事焉、夫詩咏素以為絢、固明以素為先而絢其後焉者也、子夏不知所謂亦未即繪事思之耳、今夫素解於簡編不如曠觀、夫物理久矣、天質與人事分途渾而視之不得其所以分、自不得其所由合矣、學人膠於所見、不免以辭而害意、聖人通其說物情有可指而易見者、詩咏倩盼其意固謂巧笑之瑳不假修為、美目之揚未經粉飾、豈無膏沐其後起而潤色者也、豈無笄珈其踵事而增華者也、因繼之曰素以為絢兮、詩自有所謂也、而何以子夏有疑也、謂天姿獨擅而復益其

筆非秋而垂露

華則素為主而絢附之為之之說是也乃自子夏繹之明明言素矣而竟以為絢則是淑姿窈窕即當采藻之覯而何以如山如河以取象服之宜也此不可解也一謂昭質無虧而更加以飾則絢為（花精英彩）施而素承之以之之說是也乃自子夏言之明明曰素矣而即以為絢則是秀色婉孌無假物華之美而何以如帝如天猶資玉瑱之輝也又不可解也一何謂之問子夏殆不能釋然於詩矣一今夫質（過峽處）所疑以求解者學人所為得間而入也借其事以明指者聖人不辨剔叅一說也一共在子夏渾素絢而言之終不敢比素絢而同之明赤知素自為素絢自為絢而反復詩言若有不必過分其界者

往往具陳不免信繹之相半而在夫子舉素絢而析言之更不難
絲絲入扣
就素絢而遞及之第觀於素常待絢而絢常依素則釋詩言原
有不容少混其序者考工所載亦已較著而彰明夫子曰繪事後
素繪事即絢之謂也後素即為絢之謂也天下大文之所萃其初
本屬無文極五采五色之彰施而日月山龍遂成天子之服當其
絢爛可觀人第謂為絢而已不知有處於絢之始者未有繪之初
朴素惟以取潔既有繪之後文物於以生光素以立質繪乃起而
古音繆然
有功白可受采此之謂也天下艷色之所呈其始原於無色倫三
入五入之異因而元黃朱綠遂為公子之裳方其績染既成人第

謂為絢而已不知有蘊於絢之中者有素而繪之事起固不得即繪為素有繪而素之用重亦安得即素為繪素以為地繪乃因而有成致飾則亨此之謂也子夏亦思夫子繪事後素之謂即詩人素以為絢之謂蓋素也而繪加之即素也而絢為之之謂也天下事有待然為者大抵皆其後焉者也而子夏忽通其解於禮矣

筋旋脉注刋落浮華

素以為絢兮　　黃與堅

終攀逸詩若有即素以為飾者焉夫詩之咏素絢者意或別有在也然就其辭繹之則似乎以素為飾矣故子夏述之曰吾人讀書論古苟辭意之間或有関質文之數則必諷咏而稱述之乃流連篇什有以相反之形（切合為字）而適以見其相合者是雖為夫子之所刪爲不可為吾（即從上文落素字）黨之所識乎如詩之咏倩盼者既有然矣賦形秀異（虛挑為字）不煩取飾於瓔珞謂是自然之美也而詩人之意不徒謂是自然之美也乎神淡遠無假借輝於象服（虛實兼有法）謂是生質之良也而詩人之意不徒謂是生質之良也然則詩之言素絢者不更可述而誌乎詩之言素者有矣縞衣

歷科小題卓編　上論　緇衣堂課本

又作疑陣何謂句神理愈動　分開素字分擘為
綦中何美知雲之麗此專言素也而逸詩則未嘗專言素詩之言絢
分開絢字
者有矣副笄六珈益表淑人之譽此專言絢也而逸詩則未嘗專言
以為并不是
絢詩之言素絢者亦有矣素衣朱襮愈彰貴冑之容此兼言素絢者
蕉言分開素絢樵為以為封斷　翻鼓最醒
也而逸詩則非僅兼言素絢天下樸者不可指之為華猶夫華者不
又虛頓以為二比
可指之為樸誠以理之非一致也乃詩若欲舉而一之天下增華者
務去其樸猶之逸樸者務去其華誠以情之不相同也乃詩若欲比
以蘇辰
而同之試述其辭則曰素以為絢兮淳古之物不聞彝秉之用以其
下甚重
上知有素而不知有絢也若夫既知有絢而猶以素為之則宗彝粉
米之施亦覺聖人之多事矣故淑質當前人以為內美之無瑕而詩

○然、句○接○有○兮○甚當

即以爲外觀之有耀也有如斯晚近之世莫覩漸畧之風以其疏知有絢而不復知有素也若夫既知有素而猶以絢目之則素車白馬

○此○句○接○得○有意

○何○謂○句○便○不○能○追○我○

之先已開渡世之華靡矣故清揚既覩人以爲圭璧之在貽而詩即以爲繡文之被體也有如斯由斯以推則是束帛之戔戔無異於玄

○三○字○結○鮮○爲○字○妙

纁之燦燦也素冠之欒欒無異於星弁之峩峩也此商之所以不能無疑也○

何謂也三字截出便着議論不得人難着議論者不解虛點之法故無可轉側也妙在提後虛點生出波瀾五比之後方緣寔點議論在前述詩在後儘意議論語氣仍留極得步虛之巧○子夏疑

歷科小題卓編　上論

處在合一故文中議論俱在分處取神　呂晚村

疑處全在為字前半虛點素絢分合夾擊以為二字後比寔點以為交互側擊素絢二字虛排有意寔寫有情人見其花簇生動不知此步虛法即拆字法開發學多少法門

巧笑倩兮　全章　程寧

始疑詩而終悟禮、賢者真解人也、夫素絢之疑、〻詩也、乃一開後素之言而即通於禮、商真善悟矣、宜子之相賞不置云、且夫經學之最足引人者莫如詩、而善學者亦少、大約或失則愚而不能詳其意、於詩中或失則固而不能通其說、於詩外、此天下所以多荒經之弊、而吾黨所以無相長之資也、夫讀詩者之心與作詩者不同、作詩者言簡而意該、故嘗留不盡以待後人之探索、若讀詩者不能以至詳之心求其至略之處、將不免章句之拘牽矣、古詩者（起論確足出前人尋味之外）之心、又與解詩者不同、解詩者就詩而立說、原無取別為創論以惑學者之聽聞乃言詩者能以意外之言通其言外之意則不必成見之是守矣子夏曰吾嘗讀倩盼之詩而有疑焉（此恪天造地設）意主於無為者多屬天姿意主於有為者多由人事而詩顧欲取天人而一之乎素以為絢此何以解也夫子曰吾因子素絢之問而有會焉本然者無咎故質常處先繼起者增華故文常處後而子顧欲取先後而混之乎繪事後素此可以悟矣乃子夏忽浩乎有得也謂天下之變本加厲者獨一繪事乎忠信薄而後侈其文則恭敬先而後將以弊帛大抵如斯也禮其後焉者歟乃子不覺怡然神解也謂商之引伸觸類者獨一詩乎心能通而弟可以資乎師理能推

而一可以貫乎萬是真能起予也始可與言詩已矣然後知學者之心莫患乎疑而不能入也夫載籍繁多安能無偶誤之處惟心思善入一言必求其指歸而後據理告之此心可渙然以釋存此見者南陔無文白華無字皆不難推究其微而況貞淫正變之昭然者哉學者之心又莫患乎信而不能出也夫賞奇析疑要必有會通之境惟神明善出穎悟立見于當幾而後循類求之衆理可由然以解其此心者與墳雖富丘索雖煩皆可貫通其說而況詩書禮樂之顯然者哉商悟矣子亦與之俱遠矣

妙神採曳

刻雋

好整以暇節制之師言詩二比尤屬創獲

九峰樓課義

巧笑倩兮　程之章

詩咏巧笑其情可思矣夫笑亦何常而惟猜乃為巧也詩人誠善於形容哉且人不能無愉快之情即不能無歡欣之態而獨是口輔之際正未容作而致之也乃若覩其態酌莞爾而可親而挹其情復整焉而以暇則不待窮形畫相而即此無端之呈露已令人不勝流連矣逸詩不云巧笑倩兮乎象服而是宜矣如山如河具見尊嚴之狀詩若曰此尚需緣飾也而顧而色喜莫妍於僴爾之支頤一東門而可樂矣如雲如荼孰非艷冶之姿詩若曰此猶假鉛華也而發以瀰容莫韵于自然之啓齒一笑矣而不且倩也乎意之

偶觸色則已愉神之所通順非不解而其得諸形似者要不同戲謔之容倩矣而謂非巧也乎有慊于心已無所遂偏嬌于蕭若不能忻而其和以天倪者固別有春容之趣中必有所喜也而後笑以寄之故欣然自得原欲禁而不能乃玉於瑱也象之揥也致飾為亭已足壯帝天之色而更得此巧焉者掩映于笑顰之際則交相酬對而正靜不儷覺飛而無慮于淫者有如此倩也已情必有所移也而後笑以宣之故樂意相關亦有感而即發乃荑之柔也脂之凝也風流可羨何在非持嘲之奇而更有此巧焉者綢繆于笑語之餘則無事軒渠而歡情若接覺美而益增其艷者有如此

倩也已衰如充耳識其笑之多也而茲之倩兮者正以不取乎多而但存其畧既不類謔浪之傲亦非猶諂媚之諛而流麗出以端（盡工不到）莊一延佇而嫣然欲絕問誰能有此巧乎蓋淑容不苟可無誇下蔡之迷矣巧笑之瑳詠其齒之美也而茲之倩兮者更以齒所欲（本莊子）（好句琢磨）見而口默為傳既無取象之嘻々亦無俟心之局々而風華本于蘊藉一傾倒而粲然可觀問誰得似其笑乎蓋皓質自呈并不必（成）如皋之御矣詩之言笑者如是噫形神獨適奚煩膏沐以為容而（恰好）靨輔相承況又明眸之善睞曷不進而咏其目乎

倩字獨見真面更隱々描出一素字頂上光益三々毛如有神明

洵稱儈事殊絕

美目盼兮

賀方來

目以盼而美亦美之自然者也夫目何以美而以為盼則真美矣所人豈有意而為之乎今夫人之所以稱美者美乎其形乎抑美于其神乎則必曰幾於其神矣夫神之所注常動于不自知有工于賦者為之曲折以寫其神而瞻顧之間悅若別有餘妍矣知詩詠巧笑而又繼以目者何也夫笑之與目以不相為用也笑不必藉目而見其歡目不必因笑而形其覺故儼焉無笑之頃而目不與之偕往則幾其兩不相接矣然目之與笑又似相為用也笑因目而益增其姿好目因笑而彌覺其幽妍故笑語卒獲之時而目亦為之微動則何其

切○目○

盼○字○現○出○

將○笑○來○入○目○

靈惆助也。詁是以更有思。夫美目也。如雲如荼之飾。非不足云麗。然使見之眉睫間。而獨無耀采之意。則全體俱為之不靈矣。是以行必（二比頌美目）取于美也。蛾眉螓首之姿。非不足稱艷顧。或形之瞻覽間。未必有照朗之觀。則冶容亦為之減色矣。是以美獨甚于目也。而不見其盼乎。盼者其有若迎之意耶。彼夫含睇微睞。未嘗不隱隱若迎也。乃何以（二比實講盼）未來而如接。欲近而仍遐。盼猶是目也。獨有凝然湛然之致。光照乎（刻畫黑白分明）彼目中而掩之。且不盡其姿。則美誠美乎其盼矣。盼者其有若送之情耶。彼夫停睇轉盼。未嘗不依依欲送也。乃何以光靜而似動。將歛而若馳。覺同此目也。更有炯然瞭然之象。照耀于吾目中而窺之。且莫窮其韻則美莫美于此盼矣夫人之目正視則近莊斜睨則近媚茲以為盼意必似莊而復媚自有此目而天下皆無目也蓋自天授而已然而豈必借工于粉黛乎抑人之目熟視則覺其多情轉注則覺其多態茲以為盼意必情與態交深自有此美目而天下無與比目者也其娟秀本自天成而豈必修容于膏沐乎夫目之美笑之巧皆素也而詩人何竟以為絢乎

刻畫盼字盡態極妍然無脂粉氣故不傷雅句〻切定生質尤與素字關合　費巽來

美目盼　賀

素以為絢　後素

科考長樂縣學一等一名　董天庯

泥為絢之說者、未知素居其先也、夫倩盼為素、而絢在所後也、子夏泥於其說、曷不觀之繪事乎、且篇什所陳、從未有僻留片語、予人以莫釋之端也。故泥於理解、不能無混同之嫌、而攬其會通、何在非取証之具。憑己見而疑義生、不如徵於物、而其理已昭然矣。詩言巧笑倩、美目盼、素之謂也。（笑而盼）此其後或加之以絢乎、使謂賦質既優、不復施其潤色、此理之或然也、挾質以遊、已見婉孌之可愛、又奚必粉白黛綠、更為膏沐之容、抑謂得天雖厚、尤必益以人工、亦情之或有也、任美而動、固昭淡雅之可風、要何如玉瑱象揥別著山河之度素歟絢歟何所從歟詩乃云素以為絢兮何也各不相涉之中似為混同之語豈人巧即寓乎天工而不相關之故偏為共貫之詞豈生初遂盡乎繼起何謂之問子夏固不能無疑歟雖然以為之說豈可泥乎吾人考古之餘約畧求之而以為盡其意至於捲卷浩然遂悔早不經心矣為絢之說子夏必究其意此固疎濶者游服其縝密也然學問之道不求甚解而其解乃真苟單詞隻字以（名雋）膠固而成疑可疑者正不少也天下一物之細體驗深之而皆可通于書況乎曲藝至精不啻明以示我矣為絢之理子夏忽泥其詞此又通變者所病其拘牽也夫簡編所載言不盡

意而其意自明苟引伸觸類即事物以求通可通者豈在遠乎哉
觀繪事不後於素乎藻火山龍必有物以為之質苟素之不存絢
將安附其理固明明可按耳覩采章之昭著誰不謂成終者不足
開先也丹雘黝堊必有物以為之基苟素不為受絢且焉施其理
（以後繪為如桶底落）
固在在可思耳聽黼黻之秀麗誰不謂增華者異乎從朴也向疑
于為絢之說哉乃知以辭害意言近忽深旨遠之思即事類情小
叩已發大鳴之響商由是恍然悟矣

中幅游神題外妙緒獨抽

闈中校一條

○○○子夏問曰巧　全　　鄧中南

論詩而不止于詩、聖賢之相與也深矣、夫素絢之疑、詩詞也、而明之于繪、通之于禮、善詩何必僅在詩哉、且古人之書亦代積而多者也、而善讀者得其義而通之、雖作者之意有盡、而讀者之意無盡、至讀者之意無盡、而作者之意亦足與相深于無盡、說在于與子夏言詩是已、夫詩作于古人、不能必後之讀之者爲何如人也、而或以言傳、或以意傳、大約一詩必具一詩之解、而視乎人之自取、詩讀自後人、亦不能必前之作之者果何如心也、而或生其疑、或生其悟、大約一詩必具全詩之理、而恃乎心之自通、今子夏之述倩盼而以素絢

（旁批：境）（旁批：雋句集不勝）（旁批：思致高遠全理精微）

爲問也若謂素吾知其爲素絢吾知其爲絢而素以爲絢則詩人之
（天○人○二○字○能○爲○字○妙○）
意其將屬之于天與屬之于人俱未可知也乃夫子即繪事釋之也
若謂言絢猶之乎言繪言素猶之乎言後素而繪畫後素則制作之
（即○天○人○二○字○能○發○字○　筆○意○靈○妙○）
備莫不益之以人而先之以天詩意大抵如斯也而子夏乃穆然深
（講○後○字○妙○不○落○套　莊見識）
思曠然高望而遠懷夫先王制禮之初如是其匪易也情之所至而
文生焉度數不虞其假合文之所至而情備焉經曲俱本于自然則
（摘○出○末○句○神○理○深○至○知○解）
禮之爲後不其然乎夫禮後之故微微獨予義所備即詩義亦自備之
（獨○來）
而禮後之說微獨詩言未及即予言亦未及之乃子夏固穆然深思
曠然高望而遠瞭也理其予之意中悟出予之意外雖欲不與又烏

得而不與其哉是知詩義無窮唯吾人感觸所及可過古人于理解亦可過古人于旁通而相喻甚深不僅在章句之末詩教無方舉古人意説所在可因疑而得信亦可因類而得微而相悅以解不越諸論斷之間此刪定而後序詩之功不能不歸諸卜氏云

節節相生極瓊瑤活潑之趣精思曲筆無不海入題續不同虛控游衍自然機鋒神于理解毫無領會者是題杜君時藝作亦自洒落可觀嫌其泰于爾對格未盡是題曲欽人類沿襲嘉惠先生成句收法也

素以為絢　後素

雲南薛宗師歲試
彌勒州學一名　鄧允肅

不解素絢之詩不知絢之後者也夫曰素以為絢則必有所為矣為之而有不居於後者乎故夫子以繪事釋之嘗思事之有待於為者
論定
皆事之後起焉者也是故無為者質也有為者文也有無為者以為
首尾
之先斯有之為者以為之後尋繹篇章亦可曠觀藝事而悠然會矣如詩之咏巧笑美目也豈有疑義之難悉哉而詩人曰惟兹巧也惟兹美也天事已工自可受人事之巧之而倩也美而盼也素質已具
得損益之擊
自宜施藻采之飾此素以為絢之所為咏乎是素之可以為絢也是
動後字意
絢之可以為於素也素與絢之不能無先後也詩人雖不明言之而

已不嘗明示之矣乃自詩言之而素之有異於絢也自商讀之而素之無異於絢也自詩言之而絢之有加於素也自商讀之而絢之無加於素也一若素不必先而任質以往已同美麗之飾也一若絢不必後而任天以遊已具章采之施也不知素自素也絢自絢也而由素以致絢此中不具有事功乎素一事也絢一事也而因素以為絢此中不更有次第乎夫子繹之曰此如繪事然當夫藻繪之未施也亦覺黯淡而無色也未幾而生色矣此必有所以生之者矣生之者為之者也固其後焉者也當夫繪畫之未加也亦殊潔白而可觀也未幾而又改觀矣此必有所以改之者矣改之者為之者也持其後

馬者也白賁之質既立於未繪之先而踵事之華隨施之既素之後
夫亦可知素不在後也絢不在先也詩所云者乃因素以為絢而豈
即素以為絢也哉商也於此有以釋其疑矣而商也於此且有以開
其悟矣

一片靈機聯絡上下妙在微上截處絕無一語呆寫正面眼光
已注定後素句故轉落下截絕不費手此作搭題之妙訣也文
字要真今人文字不真其弊始於搭題搭題不傷神脈者猶可為
之自巧搭一開人愈求工於串插愈致淩亂於理脈今欲返樸還
淳莫若屏除巧搭此各省文衡之責也然而俗學波靡真儒罕覯

小試利器　論語

海内自晚邨先生發明理學。力振大風。而後絕無繼起。丈衡不能獨出已見。選家亦惟沿習成風。集内間錄搭題。固余不敢違俗之意。而所錄無幾。則余不敢隨俗之微意也。瞿幽款

巧笑倩兮　三句

科試寧德縣
學一等一名廖開選

賢若述倩盼之詩意以不徒咏其素者焉夫笑之倩目之盼詩言
素也而繼之素以為絢豈徒咏其素哉子夏所以述類及之想其
述逸詩若曰天下事有本於天者焉有出於人者焉本於天者固
見天分之優出於人者亦見人工之巧天人之際古人每如其分
以寄諸謳吟頌今人去古已遠試為撮舉其詞有不徒咏其天而
亦不徒咏其人者如逸詩之咏倩盼是已凡詩每善於形容往往
一吟咏間或極其量以相投贈然言其善則亦善焉已耳初未嘗
於本事之外而別參以餘情抑詩恒工於賦物往往一唱嘆間好

溢其美以相品題然言其盡善則亦盡善焉已耳亦未嘗於一身之中而兼擅乎兩美乃商所聞倩盼之詩則不然慕舜英之顏既以色笑傳其韻擬如脂之體復以凝眸著其休而曰巧笑倩兮美目盼兮物以偶接而得其天以笑而言安見笑之皆為妍悅也而一言乎倩則可謂盡得乎笑之趣者也自詩人言之而其妍悅已然矣物以類心而窮其致以目而言安見目之皆為清婉也而一言乎盼則可謂盡得乎目之神者也自詩人言之而其清婉已然

跌取

矣之人也人固謂其賦質之殊吾亦幸其得天之厚其所以動人

為字

之繾綣者應亦如是焉止矣之人也人即能靳其繼起之功終莫

與爭其天然之秀其所以竭人之形容者應亦如是焉足矣乃詩
則又曰素以為絢兮人苟得乎性生之美恆覺無言而自芳初何
事乎增華之慕而詩則以是為一致者焉躊躇而滿志非惟為之究合即
此已足賦月出之章而且為之誦副笄之雅一人也於以文形其美人苟
挾乎本然之体自覺無心而生色又何必羨乎白賁之餘而詩則
以是有合轍者焉鄭重而流連不惟以為昭質之無虧而且以為
人工之極錯一事也於以兼致其情是則載笑之時即為文章之
美頤盼之際無非踵事之華吁素也顧可以為絢哉商讀之而疑
之矣

試牘

識牘

他作入手即重扼爲字極意翻駁全是一節文字惟此輕輕拍合始留得下三字在

巧笑倩　廖

巧笑倩兮　　　　桂模

笑而巧也、生質優矣、夫笑何以巧、惟其倩也、子夏詠之不已見生（子龍下一句）質之優哉、胥思天之賦人以質者固無在而不見其丰姿之嫵然也寧第笑語之可慕哉、然雖不僅笑語之可慕而載咏逸詩第見（宕氣機人有字）新為鮮矣容為霽矣其偶尔啓口已有動我以流連者吾蓋有感於逸詩矣纖形其致美之質未嘗及其玉瑱也未嘗及其象揥也（旁關俱雅）（此比出笑字）其不事雕飾而容色欣然者則惟以笑闘一萃焉夫婀娜之態不必（此比出）及其螓首必及其蛾眉也其齒鋪瓠犀而美態生妍者笑更（巧字）（自笑及到巧）以巧著一領詩之言笑者亦有矣豈其笑矣未始不言笑也而未及

其巧也詩以詩之言巧者亦有矣巧笑之瑳未始不言巧也而未言
（自巧反到倩）
其倩也而從詩不然也曰巧笑倩兮蓋爲人之所時有或笑而令
（一比自巧起）
人喜或笑而令人厭巧與不巧異耳而茲則須我則笑有一關於
而自然者巧矣乎曰巧矣何但見其可喜而不見其可厭之態其
（上）
倩也笑爲人之所共有或笑而致人之慕或笑而致人之厭倩與
（自倩起）
不倩異耳而茲則笑焉卒獲有無倩掩覆而自工者倩矣乎曰倩
（然到巧上）
矣乃不見其可憎而但見其可慕也何其巧也一凡笑之出于人爲
（浮下六共起無笑的）
者即巧焉而未必倩終不若得之於天者能有天然之雅趣殆若
（文亦餘韻悠然）
笑以巧稱而餘韻悠然宛娛窈窕之淑女亟欲出閨于房幃

得于天者優哉抑笑之出于後起者即巧矣而不特倩終不若賦
賦之于質是他無疑的　文亦粲然可挹
之於質者共羨生質之不凡乃若巧以倩稱而粲然可挹允與其
顧之碩人並求芳姿而無異謂非生於質者裕哉載求美目此皆
予人以無疑而不同于素絢也

風搖弱柳月映高梧差足方其娟秀孫謗餘
丰姿固極嫣然而骨格亦自清逸股法亦自變化首二股一股
出笑一股出巧次二比翻一股自笑翻到巧一股自巧翻到倩
中二比正寫一股從巧煞到倩一股從倩煞到巧後二比一股
得之于天一一然雅逸一股賦之於質生質不凡處一一變換處一一

近科小題文超　上論

雅秀曲ゝ潔ゝ能傳西河引詩之神　門人張雲會謹識

以藻飾從其名雋以清雅運其風流ゝ水隨絃清風入掎　王翊雲

詩情畫景最稱此等題目李青蓮春葩麗藻樂于牙齒會心人

採筆自能工雅相似　張爽遠

巧笑倩兮美目盼兮

蔣廷錫

詩咏倩盼專言質之美者而已夫巧笑而曰倩美目而曰盼可不謂美乎然此固專言質者也夫何疑盖嘗讀詩至碩人之二章而三致意也夫人之質而至倩盼擬質之美而至倩盼之詩兩者可謂各極其致而章無害於義焉商也伏而習之竊以爲古人之詞固如是其可歌而可咏乎及讀逸詩乃知其詞又往往有此商於是竊不能釋然也今夫人之言物或不勉於强制而笑則最真故夫詞可擇也倩（俱照考[illegible]）可選也笑則不可强而巧也夫人之一身類有事於矯拂而目則最要故夫顏惟解也色惟莊也目則不能强而美也笑而曰巧亦幾盡

彼致之美矣而逸詩曰未也輕以逸者復見其端以好焉巧且倩兮不啻蛾之眉而螓之首也倘必曰巧笑之瑳（峭○中○推○妙）猶其後焉者矣目而向矣亦幾畫淑人之風矣而逸詩回来也婉以孌者復見其清以揚焉矣且盼兮不啻髮之鬒而顏之荼也如第回美目揚兮猶其次焉者矣獨計邂逅之頃以目相遇者（勁○下○峯○妙）不皆以笑相抑巧與美之不能一時並見也亦審矣顧以自然之質而兼擅其奇未可謂巧者絕遠於美而美者絕遠於巧也斯因其相形而無悖者哉且夫幽異之姿樂其矣之巧者亦樂其目之美倩與盼之相得益彰也（對○清心○細○緻）抑又審矣顧太一人之身而各盡其致正未敢謂巧者可即為美々者無分於巧也

其為判然不相及者哉。然則倩盼之詩其出於褒美者耶則亦與柔荑諸什相與頡頏而不得漫同於朱幩翟茀之義其出於刺譏者耶則亦與如雲之咏同其意旨而豈遽等於玉瑱象揥之文獨柰何總倩盼而有素絢之咏也商所為不能釋然者也（映起下句妙）

夫惟大雅卓爾不羣。（邵草木）

前路注定素字不背浪費烟墨後幅擊動為絢意致更極靈變

巧笑倩　蔣

○○○巧笑倩兮　三句　　衛良佐

賢者讀逸詩為舉其連類而及者焉夫逸詩之言素以為絢也固於巧笑美目而又加一詞也子夏述之豈其無所究心乎意謂自商之受詩於夫子也與卒業於三百尚幾幾乎難之頃乃窃不自量時復即已刪之詩流覽其篇章而傳求其意類以庶几乎無在之非學也而因是敢有請於夫子矣以吾夫子之雅言詩也微特其存焉者也雖其逸之而苟非無與於身心者未嘗不旁通而曲暢之如唐棣之偏反皆賢托之以懷人而夫子則借之以言理商也聞其說而桐棁以解焉夫寧不知乎日之文義拘牽無當於揚扢乎而無奈其讀之

入題窄折多姿

而扞格於意言閒者猶往往而有也茲且畧衆其發端而徐及其究竟則逸詩所云巧笑倩兮美目盼兮者可述也是而言也曽見諸衞風之咏碩人矣頌一則存之於三百之中一則逸之於三百之外在夫子諒自有說而大約其為婦人女子之形容可例而推也其為閨門衽席之諷誦可想而知也而要以是詩之所咏則不止此古人之作詩也一篇之內辭或近於複者多矣然必其詩之本不可少此一（其此忌眼方許讀詩）語而讀之者正不得曰有取而有棄也一句之內文或似贅猶有矣然必其詩之更不可少此一義而讀之者並未可曰已過而不嗇也今取是詩而讀之其因巧笑而及也若類乎巧笑又若不類乎巧笑

其因美目而及也若類乎美目又若不類乎美目類乎巧笑美目者則素足也不類乎巧笑美目者則絢是也而詩乃渾乎絢以言素且（卯此運用四字彝中那有轉手題目）不離乎素而言絢則是飲食初興而即指汙尊為簠簋也衣裳初製而即指布縷為黼黻組也有是理乎此近而驗之一身而知素之不可以為絢也較然矣則是世方邃古而即指渾沌為開闢也時歷三代而即指忠質為文明也有是理乎此遠而律之運會而知素之不可以為絢也又較然矣而詩則繼巧笑倩兮美目盼兮而比物連類以言之曰素以為絢兮

此等題最忌粘皮帶骨通篇節節活變但覺其跳脫耳末路大放

衛鶴洲先生稿

厥辭而仍截得下三字住則又妙於用法者矣高向五

論語

巧笑倩兮 三句 賴若曰

賢者誦逸詩言素而不言素也夫倩盼美質也素乎絢乎子夏曰素也而詩以為絢故誦之云爾謂夫商從事於詩久矣雖其已刪者而亦嘗留意焉蓋文質不可以或渝天人不可以無辨若夫以質著者而漫以文相加以天傳者而遽以人相許則其詞固可取而誦也今有一詩於此與風之正耶變耶不具論且詩之體假借之詞多質實之詞少則似乎直指也形容想像之間究有其人在矣詩人之心懷人則意有盡比物則致無窮此又有以相況也隱約離合之際不覺其情移矣取而誦之殆彷彿碩人之二章其

詞盡賦也。進一詞焉。又似賦而比也。然則詩其賦笑耶。夫人之善（進起全題）（入上二句有限）
動人者。誠莫如笑。獨難為巧耳。謔浪笑傲。獨形其醜。則笑不如顰（原評：析）（原評：喻典少見字）
何此之巧也。而倩歟。巧在倩耶。安知世無巧者。巧可為。倩不可為
也。詩咏之曰。巧笑倩兮。詩其賦目耶。夫人之善引人者。誠莫如目
獨難於美耳。瞋目睨視。絕不為妍。則目為之掩。何此之美也。而盼
歟。美在盼耶。安知世無美者。美可為。盼不可為也。詩咏之曰。美目
盼兮。是二言者賦也。而繼之以比。則云何。比之以素。而即比之（先定此一層）
以絢。絢者素耶。美者素耶。殊無絢者具此絕世之姿。而被以粉黛（老斲看花）（原評）
之目。應令彼姝者。予自顧良。復黯然。何也。以素而直當夫絢。則以

絢而必難全乎素也夫以天事之難傳也詩人已自傳之乃忽轉一言覺天工也而以為人事矣倩者素耶盼者素耶忽而絢之倘此出塵之態而加以華采之名豈恐有美一人殊忽忽其不樂何者以吾素而踞夫絢哉將以彼絢而疑吾素也夫以殊質之難形也將毋已自形之乃復轉一言覺殊質也而以為至文矣詩又豫之曰素以為絢兮

一篇之中神光離合乍陰乍陽而又惝如顯位松何謂意無一筆侵占高絕　原評

句句覷定何謂神理卻句句只就詩詞點染手法微妙絢爛

本朝考卷今集續編　論語　學稼軒定本

易平淡難平淡而有思致尤難秋水為神幽蘭作息風格何等超雋彼蓑層門之大對者或轉以為寡味耳　潤川

子夏問曰巧笑倩兮　一章　五名　錢爲光

折疑而得會心之遠詩教有傳人矣夫素絢有疑而釋以繪事此亦傳習之常耳乃子夏則悟及于禮矣宜夫子嘉其起予而許以言詩哉且六經皆聖人之傳而風雅一書尤非澄心渺慮者不能契其微而通其變蓋訓詁多譌求之固欲其至精而名理無窮守之何可以或隘夫惟以文考義而渺不相涉之端忽來于恍然可通之地誰謂解人不易索也今夫詩亦其難言矣文以達夫顯之情而詩則旨婉詞微古今時有不能相喻之處教以解同堂之惑而詩則涵泳從容師弟亦有不能相發之功子夏在學問以詩

氣清神溶

學見稱而倩盼之章不能無藉素絢之説此固篤者之憂無所苟也然猶未足見也可與言詩也今夫道無不該而事有所止情無可喻而心有頓開言出于淵懿爾雅之外一義胥涵夫衆理而縱而馳之恐其窮大失居也夫于直示以彰施之本而推白受采有質而後有文何嘗設為高論以啓乎冥心頓悟之途神凝于劍佩琴書之側片語豈容于旁及而觸而動焉此亦幾非在我也子夏轍悟夫歷事之增而忠信可學有本而後有末不覺高瞻遠矚而歸于萬理同原之境然則典章制度世宙之所以貴其觀乎樸醲醇懿生人之所以立其本乎素與絢其相得而彰乎詩與禮其

不謀而合乎而子夏學詩之善乃于此而徵其寔而夫子刪詩之
數乃以是而得其傳風人之旨與所善入無如會心者絕少其人
也夫南陔無句不待補而可得孝思常棣有華即已刪而猶傳室
遠此豈可以意見執乎信如商之引伸觸類而根于情也一詩可
作三百覌和于禮也一經可作全經讀誦尼山刪後之逸詩即補
元聖未戉之周禮何必如摻筆削者之一辭莫贊也哉考古之識
遠而能通無如旁觸者未易槩見也夫鄭衛為後儒聚訟之端而
意得則貞淫皆儆雅頌為本朝致治之盛而識超則正変同歸與
豈可以鮮說泥乎信如商之旁推交通丕平林欤止知下序之

風利利直到

硜碑奇警太空匪出

丁夘科鄉試小題　至　錢

方外科續詩之趣　室　野見刻

非誣蔓草蔡偕藏豈歌詩之不類正雅悟大雅原即示筆而
娴素王之業豈僅才艶亥豕者之一得可傳也哉起予一笑予蓋
深有契于子夏而詩學難言信非斯人莫與歸矣

其神之靜穆處則優游有餘其氣之奇矯處則凌空直走猛虎
不立卑勢勁鷹不立垂枝理固然耳　修大
神足精警想見矮簷振筆躊躇滿志之樂　咏芑

子夏問曰巧笑倩兮　一章　錢為光　五名

折疑而□會心之遠詩教有傳人矣夫素絢有疑而釋以繪事此亦傳習之常耳乃子夏則悟及於禮矣宜夫子嘉其起予而許以言詩哉且六經皆聖人之傳而風雅一書尤非澄心渺慮者不能契其微而通其變蓋訓詁多誤求之固欲其至精而名理無窮守之何可以或隘夫難以文考義而渺不相涉之端忽來於恍然可通之地誰謂解人不易索也（從來說詩）今夫詩亦甚難言矣要以達未顯之情而詩則旨婉詞微古今時有不能相喻之處藪以解同堂之惑而詩則涵泳從容師弟亦有不能相晳之功子夏存聖門素以詩

學見稱而倩盼之章不能無疑素絢之說此固篤信者之學無所苟也然猶未足見其可與言詩也今夫道無不該而事有所止情無可縱而心有頓開言出於淵懿爾雅之才一義胥涵夫衆理而縱而馳焉恐其窮大失居也夫乎直示以彰施之本而惟白受采

不先作雜遝陳說乃見禮後緣白是題乎

有質而後有文何當淵為高論以啟乎冥心頓悟之途神凝於劍佩琴書之側片語豈容於旁及而觸而動焉此亦幾非在我也予夏轉悟夫雖事之增而忠信可學有本而後有末不覺高瞻遠矚而歸於萬理同原之境然則冠裳制度世宙之所以貴其觀乎樸

白賁與象合

誠醇慤生人之所以立其本乎素與絢其相得而彰乎詩與禮其

不謀而合乎而子夏學詩之善乃於此而徵其實而夫子刪詩之教乃自是而得其傳風人之旨巽而善入無如會心者絶少其人也夫有陔無句不待補而可得孝思棠棣有華即已刪而猶傳室遠此豈可以意見執乎信如商之引伸觸類而根乎情也一詩可作三百觀止乎禮也一經可作全經讀誦凡山刪後之逸詩即補（挽合）元聖未成之周禮何必如操筆削者之一辭莫贊也哉考古之識遠而能通無如旁觸者未易槩見也夫鄭衛為後儒聚訟之端而（詩小序疑處與鄭朱成說姑並存）意得則貞淫皆微雅頌為本朝致治之盛而識超則正變同歸此豈可以解說泥乎信如商之旁推交通而平林歌仰止知古序之

非誣蔓草蓁僭濫豈歌詩之不類正襟而悟大雅之原即秉筆而翊素王之業豈僅如辨亥豕者之一得可傳也哉起予一嘆子蓋深有與於子夏而詩學難言信非斯人莫與歸矣

俯視一切卓犖不群　原評

漁仲氏論此章書云巧笑倩兮美目盼兮而子夏能悟於禮後之說遂是殆可與言詩作者特根此得柄風人之旨二比則兼合馬貴與十五國風序不可廢之論娓娓暢之　沈厚田

風骨稜稜自成名論一則不必執繩尺以求之

妙解空空

洗題還題何等老辣

不着詮

子夏問曰巧笑　全章

錢萬選

教學相深于言外知言詩者不必言詩也夫素絢之問不在詩即禮後之悟亦不在詩也繪事之釋不在詩即言詩之興亦不專言詩也是貴得其解于言外耳且天下惟善讀書者能窮理亦惟善窮理者能讀書吾得之乎與商之言詩矣商之言詩也不執乎詩之見者也子之言詩也亦不止乎詩之義者也商曰天下之稱素者如此倩盼矣而顧絢是為乎是問素絢非問詩也子曰天下之稱絢者有如此繪矣而不後于素乎是釋素絢非釋詩也而商乃益矣曰天下無非後也豈惟繪事禮亦有然此其意中無後有素

筆妙之

精氣壯采

絢也則意中豈復有詩也而于亦益矣曰天下洵無非後也豈惟
知禮兼可說詩此其相契在禮而已超乎禮也則相許以詩而亦
豈專乎詩也于此可得窮理之要理以窮而愈出形色之中有理
而形色之外無非理皆作素絢觀可矣于此可得讀書之要書以
讀而彌進章句之中有書而章句之外無非書盡作逸詩觀可矣
此聖賢教學之相長也夫

吾師此題數藝長者氣局高敞亮節宏奇此作絢爛之極歸于
平淡落想高妙着紙欲飛雖王文恪先生不讓也受業門人楊
大壯謹識

巧笑倩兮　三句　戴瀚

以深求詩者讀詩咏美而美盡矣夫倩盼之美不盡於是也素
耶絢耶子夏之深求有在耶以爲學者之於古也得一言之義將
服以終身焉誠不容苟而已也蓋不惟簡編之與索解爲難即尋

是讀重以爲二字神理

常比擬之詞有習於口則相忘而反於心則憾繹者商今願有述
也蓋夫好色者人之所同故詩人常以之喻德而好色者天之使

二比分寫兩

獨故詩人常以之衞才獨是天下殊尤之質原非萬物所能加微

河鼓賓人皆淺看非是

詩人咏世亦從而慕之慕之誠是也乃推崇之不已而遂偏嗜焉
有一詩而聞天下嗜重之情者不玩味焉不知也天下真至之材

戴寄部制義　十五

原非百為所得並微詩人歌世亦從而尚之尚之識是也乃想像之不窮而遂孤賞焉有一詩而啟天下過高之見者不流連焉不知也閒嘗肆覽逸詩其賦笑與目之工而類及于素詢可為夫子誦矣夫詩之言笑非一端艷犀齒於聚衣所惜者笑而意不在笑故笑之外無縈引也乃若茲之言巧笑也歡欲發而破顏喜既濃而感頰盡人有笑巧若獨鍾焉其倩也詩人不惟參天下之笑並禮後之義已引而不發其人有一笑而參凡可參矣此外無感飾矣詩之言目非一狀麗娥眉於翟茀所嘆者目而意不在目故目之外無流盼也乃若茲之言美目也睞不定而流光顧偶凝而煥彩盡人有目美惟獨擅

焉其盼也詩人不惟斥天下之目並其人有一目而粥凡可斥矣此外無冶容矣倘所云素者非倩盼耶其竟以為絢耶儀態萬方而鉛華弗御故欲衒其傾城則素而不絢者有之而詩人若有進

只愁明艷欲化作彩雲飛

也無笑非素亦無笑非絢一若青與赤之為文也非青與赤也無文而能文也赤與白之為章也非赤與白也無章而能章也尊素之至強五色之宣以同揆有如此詩矣精神四映而黛綠不施轉益增其絕世則素而勝絢者有之而詩人別有寄也即目素存亦即目絢存一若次白與黑以為黻也非誠黻也當其無有白與黑之用也次白與青以為黼也非誠黼也當其無有黑與青之用也

守素之專畧四時之變而合撰有如此詩矣字句之研窮非急而由今逆志我信其得全於天之謳吟之訓詁非艱而備或害辭將恐其簡棄於理之商誠不知所謂矣敬質之夫子

于題中神理獨有領會故點染俱關飛動　荊山先生

上至理七穿八透觸緒而出無非妙端　吳七雲

句句實發不以翻空見奇其留住題氣處洵乃臨崖勒馬　原評

子夏問曰巧　全章　　戴元璋

言詩而悟禮、真能言詩者也、夫詩之言素絢繪事耳曾何與于禮、然則商之言禮者、商之可與言詩也、且夫六經皆覺世之文、而最能啓發者莫如詩善讀詩者每於不相蒙之中而若相蒙爲否則皓首而窮一經不過前後師承曰某篇當為如是解此微特其不解也就令解爲亦章句之濡也豈為善解哉若子夏論巧笑之詩可嘉已曷嘉乎爾曰嘉其可與言詩也其可與言詩者何曰以其言詩而悟禮也其言詩而悟禮者何曰以其有素絢之疑繪事之解而忽悟禮後之旨也說立於此而義通於彼論者謂夫子之善解素絢乎子夏之善

超俗

全題点得輕省明括

○閒○局○弘○敞○於○題○又○極○

通倩盼乎而不知聖賢相長之益有源焉者矣天地菁華之氣不能

○有○起○自守○

無因而遂闢有質而始有文此常相因之勢也假令兩間而無草昧

何自而有經旦萬物而無樸遫何自而有文明特不可謂草昧即如

其後旦樸遫不齊夫文明也此意惟善讀詩者引伸而長言之也人

事繼起之功每相承而益盛有文而繼夫質此亦常相承之理也假

令酒肉不設于豆觴孝弟何以示悃玉帛不陳于筐篚忠誠何以輸

忱亦渺可謂豆觴無加于孝弟筐篚無當于忠誠也此意亦惟善讀

詩者觸類而旁通之也聲明文物之加考工以之教繪者先王即以

之制禮踵事增華之美冶容以之色莊者學士即以之修明子起商

而商更起子斯時之子夏不獨無爲之說錮其胸中亦併無詩之見膠于意內矣又何俟他日以詩教鳴於西河而後信其可與言詩哉嗟乎鳶魚之詩可以悟道切磋之詩可以知學碩人之詩識者以爲惡文之著而魚潛之詩君子且以爲內省之疚爲千古之善言詩者大都類此吾夫子殆與子夏終日言詩矣

將全題輕敘過放出大議論闢出大境界眼覷素字絢字繪字禮字打通鎔鑄而發之是何等身力

巧笑倩兮

江南揚州府學　顧同根
師月課一名

笑所巧也詩人特咏其倩焉夫猶是笑也而此獨巧焉以其倩耳詩人誠善為咏乎意謂天生人而賦以可悅之質也不必在恒見之原即偶爾之會而若為之示異焉無之而未必遽增其陋有之而轉若愈益其姸者殆莫如笑矣夫笑無心之會耳意外之觸而神為之移夫寧有異也乃自有此笑而世頓覺其色之減也展如之人若此之麗耶一笑亦有心之為耳中情之得而顧為之解又寧有異也乃自有此笑而人轉愧其形之纖也有靚袂彼冶雖為狀耶則以猶是笑也而此獨倩也惟其倩也夫乃益見其巧也一茂矣

刻劃細膩　文亦嫣然

美矣諸好備矣而嫣然者轉覺其精彩相授而忘態橫生也蓋皓

融會古賦而出以疏麗

質呈露之餘其爭妍而取憐者有如此笑矣盛矣麗矣難測究矣

而粲然者益嘆其近之既妖而遠之有望也蓋華容婀娜之下其

推類言之

秀外而惠中者皆如此笑矣一世豈無工於色笑以蠱媚者然笑而

極力

說盼倩字無字不雅

必兼之以色則其笑且以色而掩也茲之笑也有不僅其顏之怡

而靨輔之承權者偏予人以無窮之慕也則載色載笑有不足以

形之耳一世豈無善為言笑以相歡者然笑而必繼之以言則其笑

又以言而掩也茲之笑也有不待其辭之吐而骨象之應圖者若

予人以不盡之思也則載笑載言有不足以盡之耳而笑者不自

知也彼亦自發其真已耳而態濃而意遠者一含喜焉而或以為

如天如帝之神而其巧者不可學也彼亦相動以天已耳而儀靜

而禮閒者一啓齒焉而益深其嫣兮變兮之致乃之子之美固不

僅此也則可進宜笑而觀其粲孌也

秀靨一時春蘭秋菊也　高友蘋

莊雅〻非難而莊難

試牘

巧笑倩兮　絢兮　　歲入仙遊縣學一名　嚴桐

述逸詩之詞，賢者若有餘思焉。夫素與絢，自有其不易也，乃逸詩詠倩盼，而復即素以爲絢，述其詞而果能自解否耶？且學者生載籍明備之後，讀古人書，使見之訓詞者，皆歷歷與我以釋然之數，豈不甚快？而乃有不盡然者，葢懷彼美而善形容，詞雖足述，而意又若有甚相遠，則歌以諷咏，所著僅屬遺文，而不爲連類攀之，當非覽古者之所能出此也，如逸詩所言是已。夫從来之工於言情者，莫如詩；而善於言理者，亦莫如詩。吾觀三百篇中，其所記載者，亦難縣舉。其有慕乎丰采之可觀也，則玉

如鷙鳥之將擊

善於描寫不滅題上[illegible]也

瑣參賢其意尚于言文真有參々模誠之足樂也則縞衣綦巾意
専于言質其閑殊淑人而美如一懷之子而賦圭璋詞非一致
要莫不準乎理之所為而為者予後人以可歌而可咏乃逸詩
所言則不然猶憶其詞有曰巧笑倩兮夫姣好之色最足以動
人之流連乃詩獨有美于笑而後更形其為巧一若聲與色而
俱彰而綽約皆自然而見也更有曰美目盼兮夫婉孌之形每
足以生人之愛慕乃詩獨有取于目復由擬其為盼一若神與
形而俱動而凝眸非作意而然也噫詩人亦可謂工於言情矣
然而猶未已也夫求物懷人之下往々意弥進而離索言非一

描寫〻出文情跌宕

描之可盡將以笑為無待而巧乎則進咏其本然之懿可也將以目為自然而美乎則轉嘆其生質之良可也否則以人事之靡麗可觀不若天事之由來無僞則專言素而不言絢可也乃想像之餘又伸之曰素以為絢兮夫素與絢其名亦甚懸殊矣在倩盼者任質而施非有心于素也亦非有心于絢也第以為淡然者如是止耳乃詩若曰此淡然者素也乎哉為絢也則淡然者而以為燦然也如是抑素與絢其實亦正不同矣在倩盼若本天而出不自知其為素也亦不自知其為絢也第以為無文者于是見也乃詩若曰此無文者素也乎哉為絢也則無文

亦以爲有耀也如斯是素不自爲其素絢不自爲其絢將從來
嫺幅無華者皆可作藻飾之觀而古今文質之辨名實之分亦
可以無庸矣其然乎其不然乎詩人又豈其不善于言理也商
於此殆不能無疑矣

潤聚合碧氣清無沙土痕可以方其文品是題之文多侵
下何謂也口氣而于上二句又易以點綴出醜此能不犯二
弊

巧笑倩　嚴

第五冊　卷十五

子產使校人畜之池（孟子）　何大中

子產使校人畜之池　何大中

大夫仁及生魚、可以覌所使矣、夫以其為生魚而欲畜之也、於是使校人焉、不知校人能不負所使否、今夫人之用心至不同也、忍則無所不忍、或夭性之親之生而欲致死之仁、則無所不仁、或斃物之命之死而欲致生之、其事雖殊、正有可參覌者、如生魚之饋、陳之堂下、惟望大夫之用鮮、溉之釜鬵、無慮庖人之不治、自有毋饋而魚無生之望矣、而子產乃使校人畜之池也、何益夫子產之為政也、殺一人刑三人而天下服、所謂猛以濟寬者、復何有於一魚而必畜養以明愛哉、不知君子之人仁、為質偶然、縱釋之樂

天生對照

原評　四比置身題

子產筆先乜

鄉墨　行卷　湖廣　孟子

前不必存其心後不必仍其事而忽焉小物之當前不覺愷惻有
加諸自動其矜全之念一物雖小生意可觀覓常饋貽之物生之
也何思殺之也何然而忽焉不忍之所觸不覺愛護倍至而欲還
其游泳之天况萬物以各得其所為樂涸轍之魚相煦以沫相呴
以瀰綫綫乎無以置之而有游其生者焉則其心快矣生魚固池
反掉洋洋而逝也
中物也哀其窮而轉之清波可畜則畜之豈曰魚在於沼亦匪充
驅使鮮文如自已
樂也哉君子以為德不卒為憂遊釜之魚其勢誠急而其情誠可
悲幾幾乎無能為力而有代其事者焉則其心愈快矣校人主之（反辜）
池者也有力者不過一舉手一投足之勞可使則使之吾知奉以

周旋無敢失墜也矣子產之使子產之仁也自有此使而魚有生之望矣而孰知校人之忍於烹哉

路人寫大意而題蘊畢露此慶曆神技也 原評

粘住子產實寫便成俗筆凌空走頷若著題若不著題氣韻雲來都是山頭景物故應取賞於瀟湘也仁心生意二寫子產畜魚之影一寫魚當使畜之影得所為樂為德不卒一寫池為畜魚之所一寫校人得使畜之人含毫邈然令下方字透空而起自是畫家神品 漢林

子產使校人畜之池

周振采

大夫以畜魚為心而所使者已置之度外矣夫欲畜魚於池即使校人可也故子產之畜之也為有心而使之也為無意且事不能獨任而待於分任斯事之難也然當泊欲為之之際而其情形人已了然於心則任取一人以付之周無煩擬議矣昔生魚之饋甫來於大夫之前而不忍之萌早觸於子產之隱於是因畜魚而思其池因畜魚之地而併得其人遂使校人畜之池焉夫不置之釜鬻而置之沼沚大夫之仁也惟仁成仁子產果信校人為仁人乎但求微物之遂其生不必藉味之悅我口大夫之廉也惟廉識廉

周由氏

子產果信校人為廉士乎而乃猝然使之者蓋有[illegible]計及校人亦不必計及校人者矣以魚之困于失水而生機不絕僅存須臾

校人口中語於子產意中景發似從字

子產之所皇然也是魚也吾不能保其入于此而即解其困然遽

根由

以圖之而泳游之天自可徐徐復也不然而生機絕矣爰有校人即使校人而已矣以魚之樂于得水而生意漸蘇亦視此須臾子產之所惻然也是魚也吾不能保其入於池而遂獲其樂然遽以技之而綱罟之驚躁必猶〻解也不然而生意泯矣既有校人惟叙校人而已矣且夫事之難處者或不免躊躇而四顧而校人之魚也不必別有經營第一觸之清波而其事無餘矣至其息焉

藏焉圉聽其魚之自轉而非于校人乎有厚望也且夫事之難決者或不免憂深而慮遠而使校人之畜魚也不必更有措校第令付之不濟而吾之望已畢矣至其潛焉游焉圉魚之勢所必至而亦可以逆睹于未然者也蓋畜魚之心一動閒已發之甚殷行之甚急知之甚明處之甚當又奚啻信校人為仁人為廉士也哉假令預防其黨而不之使則是以詐逆詐而相天下無可託之人也子產斷不出此

只了本義全理已在言外若入俗手定有許多陋態那得如此

大雅　吳穎長

周白民

圓通離相雲闊天空前輩見之應有贊

子產使　所哉

館課一等三名　高步蟾　鴻業

好生者亦樂其得生動以天也夫子樂〻之生知有畜詎曰有焉故因反合之狀其生者為之以得所歎也物可亡其生機也哉有生象賢苟樂焉不肖者託焉樂則付之以託則中之以有意惟其中以有意也斯令賢者樂生於心不覺為之一慰亦且舞之偽善盡觀饋生魚于子產一事是魚也潛逝于淵不可之流之盈籣寔非其所嗟〻天倫樂事尚有忍心焉亦計哉然而子產不忍之必畜之何也見其生不忍見其死也畜而必也亦魚遂生之地也畜且獨校人又何也以彼職有專司必為魚

慶得生為魚謀樂所以無、大夫命不謂轉圉為亨者魚固幸遇子產也之生致死者魚又不幸遇校人、一貪恥以校人蜀不魚雖傚魯衆長者惠而竟亦之爾即其之校人固污而乎、設子產問及前魚其將何辭以對、然而校人蓋狡甚從來為機當以機心飾虛情者不作虛語故夫魚畜之則以所子產早及料也亨之則失所於人已獨知也以獨知之臆探預料之忖惟幻而若直刻以工而善欺矣否則子產之識出校人、、乎何一開反命曰得其所哉得其所哉彼以為圉圉焉之始舍有然也彼以為洋洋果魚之久則有然也彼以為攸然而逝果魚之逝無不然也

蓋初終一於然之樂而已矣嗟乎生魚其小焉者也畜者蔽然直

者恝然當其反命詐辭何宛然躙而　其异所何欣然古今仁恭

之分事惟逆料者可勝道哉子產何好于評

不變不竟亦也亦雖其闢照正寺處手法　人暗訪擢

長原評

子產　高

子產使校　所哉　徐周章

夫夫有愛物之仁亦不計反命之偽也夫子產之使畜誠望魚之得所耳而不謂反命之言遽如子產意也狡哉校人也嘗謂仁人擒題入彀能愛物而不必能免物于危小人不知愛物而偏能肖物以合乎人之意故有以一時之好行其德承之者且不勝委曲以濟其好而存愛物之人猶若有餘快焉不遺如昔者有饋生魚于子產夫其饋之也固欲其烹之非欲其畜之也然而是魚也含江湖之樂淺釜鬵之危亦不得其所甚矣子產惠人也觸其萬分一體之思乎以在渚在淵之遂故不命庖人而命校人也假令禮大夫之

意成相君之仁不憚一手一足之勞舍之沼沚負所使哉

從首句挑起得所即將反命一段都攝入中不惟虛者寔之而且緊貼方字最是匠心

且子產之使畜也其望魚之得所何如乎方且私心竊計曰魚之困于網罟已久其甫入乎水也無亦有圉圉者焉少焉而舒其泳游之性無亦有洋洋者焉迨與水相忘失且攸然而逝也此皆畜之之時所必至之情也孰知魚得生于子產之畜而不免死于校人之手魚既死于校人之手而乃復生生于校人之口口也哉彼善習見魚之圉而得水其狀有圉圉者而先揣子產意中固有一圉圉之魚也習見魚之漸習于水其狀有洋洋者而先揣子產意中固固有一洋洋之魚也且習見魚之適復出出洋洋之餘忽有攸然逝

○得所二○嘆○際○接○收○筆○句○然○必○從○上○句○說○來○則○其○處○字○點○睛

者而即熟揣子產意中必有一攸然正正之魚而遂毅然反命也

愈

子產聞之果喜可知也曰得其所哉得其所哉其始也見其生不忍見其死而思遂魚之遂何有臨淵之羨其繼也能料生不能料死而亦樂魚之樂究同池上之遊但知無負吾好生之初願去去不致索于枯魚即安知不尤快口腹之果捐物得與烹于刀俎而熟悳其烹之之魚售欺于反命也哉

一路敘次喜其不用一直筆順筆　馮孟容師

運題巧妙直抉隱蔓秘鑰而其能事尤在院主可獻以其方落墨非漫作狡獪伎倆也　周贊先

竹　僧苾立　孟十

子產使校人畜之池　許漢飛（兆龍）

畜魚而畜大夫之惠也。蓋魚固當殺。而使校人畜之池。子產之惠與其棄生于子產矣。且不仁人之所殺也。雖同焉而必欲致之死。仁人之好生也。雖異類而必欲全其生。一如生魚之饋子產。固見其生而未見其死也。然在饋者固料其死。而不料其生也。子產于此付彼庖人。登之几俎。魚即採屠刀。憐而難免于殺。且授諸饔人調之鼎鑊。魚已歸窮委命。而曷望其生。且子產固如大之烈者也。于南可放。于皙可誅。何有于魚而弗殺。子產又體水之懦者也。哀亂可楮。鷹鸇可逐。何有于魚而弗殺中之。有于此不使竟人不使

產山人七　秉于

句○○是○校○人○矣○

虛○側○影○神○乎○技○矣○

奚人而獨使校人一豈其才堪代庖哉使之執刀而割鮮鱠于宰

國○話○對○莊○二○

夫一人豈其技兼佐饔哉使之調鼎而陳致魚鱉于膳宰一而于產曰

妙○

否哉使校人實欲全是魚非欲殺是魚也哉欲殺是魚則置之中

妙○然

領何以假手于校人哉欲全是魚則轉之清波夫豈分美于校人一

奚有池在其使畜之一服以維之脩而使得生息于清流自然以前

妙○

天地生之自然以後于產生之于產池中之魚實于產鼎中之魚

蘋萍蘩之苔而使得泳游于洛沚自然以前數之當殺自蘇以

妙○

後數臾尚生于產池中之魚實于產意中之魚耳一方其獲自漁人

○○肖○宜○焉○

魚矣可畏及畜自校人魚若可　人固曰此來大夫之賜也奇

之小生小人不任受德一方其誰　人憂勿遽憂亦使彼校人喜
勿慮吾校人惟曰此我大夫之惠也畜之而未必牟小人亦不任
惕然而于產憂之憂夫失水既久畜之池而或類枯魚然而子
產喜焉喜夫失所畜之沚而悻悻潛魚于產憂校人亦憂
其不畜其憂非子產之憂于產喜校人亦喜之于是使其喜非子
產之喜是則其喜也僞則其畜之也亦僞吾恐池中縱有嘉魚不
必即為所畜之魚其喜非僞而其畜也實僞吾知池中不乏名魚
何難即指為所畜之魚嘵嘵子產庭中積一魚于產池中已益一
魚乃于產池中無是魚而校人釜　魚校人口能食之後

庸山不才

口能生之于庵崖知其將候魚而便也　其辰命而魚之殺已

久矣

神龍魚服出天入淵先兄兆龍英絕領袖其盡先朝雷鄧仲

華拜袞之年也嘗三復是文而悲之　弟樊堂

綺交脉注目眩手揮凌虛倒影之妙啓人無限慧巧謝憲南

子產使校人畜之池（孟子）　曹大澄

子產使校人畜之池

曹大澄

大夫有好生之心、非校人莫使矣、夫生魚固當畜而畜之池者、又校人之職也、子產之使烏能已乎、且好生者人之心而感有是心者固不忍謂天下人之並無是心也、故以一人生物之心付諸人

（不蓄一字直入須頓斷亦）

（情恕）

心以遂其生而其心為無盡矣以人之其此生物之心推我之心以贊物之生而其心為已盡矣蓋昔者有饋生魚於鄭子產而子產何如乎、夫魚而饋也、固可授之庖人、乃饋魚而生也、其忍遂恝、爲饋則子產何如乎、依蒲在藻、魚固自適其天、一旦而罹於網罟

（分條合拍）

則其天已失、所貴還其固有而後克遂夫生全、山澤虞衡事本各

分其職大夫而苟能具官則居職有人何難令厥所司因以往政其意願於是子產不禁欣欣爲有所使矣魚有其地池固魚之地也池有其主校人固主池之吏也使校人畜之池子產之情則已至而計則已周凡物皆有應得之分情之不深遇事形其疎畧往往措置之非宜夫魚與池若相待業已生之定必畜之分之所以易固知子產之情無他屬也雖與日臨淵興羨事未可知而此際之殷勤指授一畜之外無餘慮矣亦以明分固應爾也已凡物皆有善處之人計之未審任人非所專長往往奉行之未善夫畜魚之在校人固其常業已畜之定必使之人之所依賴早知子產之

（方字活現）（開一筆人皆需形）

計無復之也雖前者慎爾官守尚俟丁寧而爾時之專任責成一使之外無餘望矣亦以明擇人而任已爾由是鄭重而使之未遑責效於目前但使魚之無失其生則固已予嘉乃績且慷慨而使之若見任人之勿貳但使予之得釋其憾將共樂魚潛在淵詎意烹之而反命也夫子產固未嘗詭於所使也

清機灑發雅韵旁流文境似一片空明鏡　傾靜文

秀外慧中玲瓏四映揔涵得下文一箇方字　徐香沙

傾題描寫絕不打動下面消息恰節籠罩裏許研堂洵是雋才　張慎餘

子產使校　得其所哉　館課一等四名　張國猷

命畜者有以肖其情、其情自爲之[illegible]、夫子產之命畜、豈料校人

之[illegible]然而生魚之狀固詳于其前也[illegible]不以予所嘆之[illegible]

夫鳥獸物情者、其仁人之心乎、特患已有所[illegible]、不克適如吾心

則此心或因之不樂[illegible]雖然心亦[illegible]樂之有[illegible]物之

樂不與物有情自見[illegible]之惬不惬仁人于此亦惟緣物[illegible]而

樂矣生魚有饋吾意[illegible]子產必且[illegible]江湖之[illegible]就食中之[illegible]

今何不平而失其所也雖然好生而惡殺者物之情也對時[illegible]

昔仁之念也維其生也義在畜之子產所以使校人乎且[illegible]

人之宅心也意閒乎魚躍鳶飛之趣而類情通德萬物如見其形繫念通乎鳥獸魚鱉之微盡人及物自無慾其□使□□當此奉子產之命順乎魚之情則扨魚躍魚之身亦□□之□也何校人此時違子產之命拂生魚之性則洸之谷□之□亦產之悲也雖然魚不畜于子□池不若畜于子□之池□不生于校人之手而若生于校之口矣何也求其合則□□狀其少縱則曰洋洋狀其遠去則曰□□之烹于釜者不□然皆諸公耶反命之言不足慰子產亦畜之心哉從來善寫人意

二比寫洋洋活潑入妙

者無有窮人意之固然亦祗此物理之自然者繪為物情之當然

而人意之固然若亦因之而無不然今校人之状魚者其自然耶其亦有非自然耶是校人畜之而校状之知是也即子産自畜之而子産自状之諒亦無能外是也亦必矣相関不禁為之然神主矣而尋窺人意者無從窺人意之固然亦于物象之必然者繪為物情之顯然而人意之間縮將自因之方已中校人之状魚者其必然耶其亦有不必然耶是校人状之而子産之無憾也或校人状之而不必子産之諒亦是然無憾也而深求知此不覺為之踟躕意滿志得所之嘆于産孟信以其方也知方之足以動人者固合千古而同矣也彼舜之于象獨非青

藜峰課藁尤推[illegible]

平

通篇圖適後二比尤沉渊盡致 原評

子產使校人畜之池

院試安溪擬作　蔡鎮世如山

畜魚有使鄭大夫之事可徵也夫魚池中物也以畜池使校人子產當日不嘗有是事乎曉萬章曰以子所言臣庶之治舜之於象罔坦然而使之矣夫坦然而使之則已往者不必追而將來者未嘗計使人之道大抵如斯也無已請觀子產於生魚之餽夫生魚也而有餽乎哉居澤而以為禮在餽者之意未必欲生之也近水而知其性原餽者之心夫且欲畜之也當是時或為魚憂謂魚我所欲莫甚於生大夫獨非人情乎溉之釜鬵未必危人不治當是時或為魚喜謂豈其食魚必欲其生大夫古之遺愛也轉之清波

入脉真切

枯使字關動上下文

開闔有情引退得勢

阜社藏稿

猶得須臾無死且夫樂生惡死者物之情也好生惡殺者人之心 急脉緩受
也之死而致生之不智而不可為也之生而致死之不仁而不可
為也維時子産且顧之而惻然矣爰使校人畜之池焉一物之微
處之必有其道以宜與不宜物之生死所由關也夫死生有數豈
虛冒下文寔發本句
物所得而逃而當其時則可以得生也可以得生遂而畜之順其
緊切畜池
性之自然而已同於天覆地載之德子産之於魚是也一事之細
付之必得其人以稱與不稱事之功過所由分也夫功過必明亦
事後之定論而當其時則不見有過也不見有過從而使之本其
緊切校人
職所應爾而絕無上猜下忌之情子産之於校人是也未使以前

句中有眼

魚之命懸於子產既使以後魚之命懸於校人而子產初不及計

扣住題位

也使之而已方其饋也魚有必死之心及其畜也魚反無生之氣而魚亦不能自主也聽其所使而已彼校人者既置魚於死後狀魚之生可謂工於欺矣而於子產之智則無損也舜之使象又何疑焉

刻膚見骨具大神通　林瑞文

子產使　其所哉

館課一等　名　鄭重輝爾光

畜魚有命大夫深欲其得所矣夫畜魚之使原不料其烹也反命者脩繪主魚之樂子產之喜其得所也固宜今夫存愛物之心者寔無日不施遂生之喜者也故其死而致生之所懼々得生之狀若接諸目則不必預採其偽者正不妨重為之羨也已而有生魚有饋其饋也固以佐賢相之烹非以廣仁人之慈惠譬如一魚合江湖之適就釜鬵之危欲求其所而不可得々則然魚不得矣所子產必欲使之得所焉乃其時豈不命危々納諸池而命校人畜之池矣方其命之畜也子產之心嵩必竊自喜曰魚之甫入矣

鰲峰課藝尤雅　後集

明清科考墨卷集

子產使　其所哉（下孟）　鄭重輝

水也得毋有圉圉焉圉而難舒者乎得毋有少間焉暢其泳游之性者乎得毋有漸久焉遂悠然而遠去者乎凡此皆合之時所必至之情也則皆子產命畜時所計及者也而不意校人之適以口反命也狡哉校人匿其烹之之慘而寫夫生之之形則飾說而來固非子產之所及料也哉是魚果于小人之腹而生于小人之口則得情而喜宜為子產之所深嘉維時子產——則反命之言以為魚不入于釜而忽入于沼信乎其洋洋之象也信乎其有洋洋之樂也又信乎其有攸然之勢也得其所哉得其所哉自是而後魚共然為池中物矣夫安知校人之欺子產者反命而識子產小

[十分清]

[消納校人烹一層見手法]

哉

手法緊凑視平鋪直叙者高出數籌原評

子產　鄭

子產使校人畜之池

沈文宗歲試取進
安溪縣第　名　謝鎔

鄭相畜魚之使以無偽待小吏也蓋魚可畜則畜之校人可使則使之子產以無偽待校人也是可為無偽喜者一證且天下飾矯偽之事聖賢不欲據此心以馭其下也久矣顧平心率物微特使治臣庶者其使弟出自本心即使育小鮮者其使吏者亦挾以真意如子疑舜為偽喜吾更思昔者饋生魚於鄭子產一事焉夫三魚也既饋於子產矣魚其之生而致之死乎魚其之死莫致之生乎人意子產其將使畜人充之庖也其將使饔人洽之俎也不然或使其家人脩內羞之需也夫鮮食既表以來魚之美味亦世

所同欲則人所彈鋏而歌者。彼豈忘口而置之。人所臨淵而羨魚
彼豈嘗面而失之。而孰意子產乃有所使也。子產乃使校人
池也。人即好行其德而膏澤寧必下逮於鱗屬豈以溱洧周七丈
之惠者而彼池亦必遂鱗鯉之樂耶。鄭都興人之歌者而私室
亦必勤校人之謂耶抑以解饑啟好說之誅。須羊欺撓敗之禍。世
之纂鮮食者大都忍不仁其君不義其上也故特使之畜焉以示
夫博愛謂仁。行宜謂義。與未可知。蓋自是魚其免矣乎大夫惠愛
及物。獻人既獻大夫乃不啻於枯魚之肆而轉於清波之內
藻以泳齊偉同於斗水之活之魚其幸矣乎大夫不前哀仆濊

師既薦大夫乃不為柔順之求而更為水濱之問推恩戚德奚垂
與嗟夫凋瘵之憂大抵至情所鍾不容偶參其妄念子產好生之
情鍾于無節即以好生之念見于使而擇能而命無非真意之周流
至性所動不容偶雜以私意子產好生之性動於魚即以好生之
念發于使而付任特專無非寔心之流露而不意子產以無偽行
校人校人更不以誠信待子產也

子產 謝

子產使校 命曰

二名 嚴恒 平遠

鄭大夫惠及於物、遠命者將有飾詞矣、夫子產惠人也、偶於畜魚見之、子產不疑校人、校人何以烹魚負子產哉、其飾詞可進思矣、嘗觀聖人無死地如舜之服於廩與井是也魚無生機如校人之承命於子產是也微弟欲殺兄豈能料其生大夫欲愛物豈能料其死蓋天下之故非生則殺矣俄頃間變遷無定安知旋而喜者不旋而為憂也乎彼愛生魚之子產可證已、夫子產心主乎愛者也大者及民小者及物無二心也惟相乎物之所宜以弘惠澤而濟涓之沼何不可通以魚藻之賦子產又愛生乎境者也靜者逞人動者從天無成心也惟肖乎情之所近以懋恩動[illegible][illegible]入之側何必留此嘉魚之味故

生魚也可畜則畜之校人也可以使之安有疑心哉想魚之求寄
校人也魚之生僑司之魚之既寄校人也魚之生校人司之校人果
奉命而畜于池也校人淘可以復命矣孰知其不爾也魚之為生固
亦無幾嘗饋之時生機已盡能令忽而生之忽而殺之何足為魚惜
然而大夫之命行校人之偽出矣校人曰相彼鱗猶必保其生全
耶與其縱于水濱以游以沫孰若混之釜鬵免吾臨淵之旁乎則烹
之可也烹之而校人之意得矣然則校人之偽也傷大夫之仁也校
人之奸也傷大夫之惠也將何以復子產之命乎校人能令有生之
魚致之死其能令既死之魚復致之生乎于是不勝辯陶思而有言
矣是校人之反命與象之入宮見辭之言豈相懇絕也哉嗚呼小人

管不仁以萬物難全其命君子有不察小人下以爭辯其訣然則
象之殺舜即與校人烹魚反命可例觀也
君子嘗失於愛小人嘗失於忍生殺之机由于一心在我祗行其
誠於何計彼之偽此作處處與舜象例看直似老吏斷獄鐵案不
移有能易其一字者吾與之千金

子產使　嚴

子路不對至　不語

于學院歲進海澄縣學第十九名　邱玉樹　爾弼

賢者不對時官之問與聖之不語有同心焉蓋夫子之終身好古非不可以語人也乃子路不對葉公之問即謂與子之求詩同一警世之心也可嘗觀聖賢之心無往不同而語默之際與非無意故有不以聖學告人者非失之矯有不以言語垂教者非失之隱與其所以各相忘言而提醒之心有同揆爲爾如葉公之問孔子於子路豈非欲知孔子之爲人哉假令子路當日諄諄告語承葉公而對之曰吾夫子之爲人也終身憤樂中人也好古敏求中人也豈不使當世之（吊下自然）人傾心向慕嘖嘖稱道而轉相告語哉胡子路不然也一若以問非

所問故雖咨訪維勤而以聽之藐藐者畢酬應之局一若以聖非易言故雖求教甚切而以置諸度外者淡晋接之文設也夫子於此竟

作跌勢渡下甚穩貼

默默為不語以為人之實則人不知憤樂相循之人即至老不倦之人好古敏求之人即生而知之之人且使世之炫奇鶩異者謂聖人別有殊絕之行而轉相慕效勢必貽害於世道人心是亦夫子之所大懼也此所以當語者即語而所不當語者不語為夫雅言為教乃日用行習之常未嘗以不語閑而茲乃以為無足稱道者則聖人之意應自有在必不欲以無稽之談而誤世抑罕言垂訓乃文章性天之旨何盡以不語見而茲乃以為無可共白者則聖人之教引而不

發斷不忍以不經之論而駭人若然則夫子不語之故不與子路之不對同一警世之心哉要之賢人之衛道至嚴必不使流俗之口得揣學聖人之學聖人之立教甚嚴必不令非理之事混入庸行之常則子路之不對乃深於對夫子之不語正深於語故曰維聖與賢有同心也

漫東老潔

于學院老夫子原評

局度安閒句調簡潔

和平閒淡正始之音其機法之圓穩格局之老潔自不待言也　藍雲炳

將不對與不語說出聖賢同心警世看題有識故能使上下融洽一片匠手奚疑○爾翔兄幼承父兄之教為文貫通經史司人競相推許乃久困童試至今方博一衿始知懷璞無不售之理而遲速有時非人所能意也　會兄蘇承甫

子路不對　人也　　邵嗣宗鴻箴

以不對掩聖人之真。聖人所急欲白也。夫有子路之不對。而其為人掩矣。子故急欲以為人之真自白乎。且學者步趨聖人而揭聖人之生平以顯質當世。使當世知聖人猶是意中之人。此亦聖人之心也。乃或者必視聖人為異乎人之為之。夫誠異乎人之為之。而聖人幾難以言罄矣。然非異乎人之為之。而聖人又可以言傳矣。葉公問孔子於子路也。豈不以親承在夙昔。則聞見必真。誦法在生平。則道揚必實。得子路之一對。而前此之鄭重乎其為人者。不至推崇之失當。震驚乎其為人者。不至擬議之徒勞乎。子路於

承而如盡

處承無痕

小題麥卷　論語

此取其為人而質言之可也取其為人而喻言之亦可也取其為（筆通下醒甚）
人而詳言之可也取其為人而畧言之亦可也而不意葉公般然
子路默然諳力豈必難窺絕不聞一言之表白功修有何難測偏
不加片語之推求其不對也豈徒以葉公不足深言哉殆亦高視（撇去識見高絕）
孔子之為人而謂非名言可盡耳雖然由識高視孔子也則其昧（脫）
於孔子之為人也實甚盡其為人也自子路觀之則在人人之意（峽中遒頓妥詳）（卸圓渾）
外而自孔子言之則在人人之意中在人人之意外者淺言之而（妥適）
恐未肖其為人深言之而亦恐未肖其為人也此子路之所以不
對也在人人之意中者深言之而適稱其為人淺言之而亦不失

其爲人也此夫子之所以求白也一盖化不可名而其爲人之何以臻於化則可以對神不可測而其爲人之何以入於神則可以對挽抱筆如游龍掉尾故以爲遠而其爲人也則似遠而實近也而奚不對以爲難而其爲人也則似難而實易也而奚不對以爲奇而其爲人也則似奇而實庸也而奚不對其不對也夫非猶是鄭重之思震驚之意乎然而已掩其爲人之真矣觀於憤樂相循而老至可忘然則夫子之爲人非不可對之人也子路奈何默默哉

猶是上下截扭合而筆力清挺絕去凡猥此種手意昌谷句云老魚跳波瘦蛟舞也　朱覲彥

於歷落中見適勁。於緊密處見疎辣。截搭題至此。可稱最上乘。

黄律陽

子路不

子路不對　人也　　陳璋

賢者不輕於言聖〻人欲明告之焉夫不對葉公則夫子之為人隱矣由亦盍明告之且夫慕聖人之名而求之者亦欲得乎其寔而已（一氣鼓盪而下）如謂碌〻庸流不足與高論聖人之行事而黙黙置之則疑聖人者衆而聖人益不見于天下是以聖人甚願夫如我者之代為白也夫（真〻摘為〻合句自甚翻〻出故不是優下截筆意甚〻）葉公何以問孔子也曰欲知孔子之為人也其問於子路也曷故曰（為〻愚〻）子路知孔子之為人者也謂其學可以知其師得于師可以告于友葉公蓋甚希心於子路之一對哉而當日者悄乎其容若不聞其語（讀〻妙〻）、逸下其言於不接其情也何吾以不對〻之云耳其所以不對者

何也出一以大聖人之所為從堪為知者道耶吾黨平日之所見於聖

冉不叶、、竟味四○實住、、忽○空○際○飛舞○一氣流注

人有出於尋常萬ゝ者而雜與流俗人言耶將以聖人之嘉言懿行

述不勝述耶否則心之精微口不能傳姑微示其肯而使之深思而

衍不對襯妥○不曰一速○駁難三會筆端○

自悟耶要非無說以處此獨計孔子一生言論風釆為天下所折衷

嶔崎歷落純乎○呂○黎○化○境○

徙来七十二國間有問焉必荅ゝ焉無不如其意以去何獨拒一葉

公ゝ彼其謁吾徒而来請也明告焉其亦可矣知不知何必深論一且聖

如孔子而當世猶有未白其為人者則讀書談道之徒何所依歸都

人士大夫於何考德而問業焉不宜默ゝ而已也夫吾道之大世方

竊ゝ然有煙遠窮高之慮而又從而隱之隱則疑ゝ則畏ゝ則難從

聖人之所共與也子路豈未見及此耶乃不對耶故曰女奚不曰其為人也蓋欲對也不欲不對以致葉公惑也而況乎夫子之為人夫人而可以知之者夫人而可知之則尚安以不對為哉

激節斂勢

神龍掉尾

縱橫跌宕極推離惝恍之觀化盡畏落蹊徑自是才人拔俗筆墨

子路不 陳

子路不對　不語

陳義和　行中

聖學無不可對人言、聖教有不對人語也、夫聖人生知好學、無不可以對人、胡子路不以對葉公、豈如聖教有所不語、恐滋學者之惑歟、今夫聖德難名、固有宜以告人者、隱之則聖人之素不彰、聖教無隱（堅卓似古名程）亦有不宜以告人者、宣之則天下之惑易起、何居乎葉公問孔子於（千將出匣）子路、此豈可不語者、雖聖人之德生知天縱、實有未易形容、而聖人之學信而好古、實無可語、大概是子路默然不對、無一語耶、且夫遊於聖人之門者、難爲言、然有當隱而亦有不當隱也、信如子路之見則聖人生平之雅、祇可爲知者道、難與俗人言、而吾夫子志學終老

于學院歲入海澄學第十二名

將幽且默欲無言乎是憤之於未得樂必爲人語其憤樂之於既得矣必爲人語其樂使天下見聖不克由聖遂謂生而知之者是使獨而聖不可學而至此固聖人之不忍不語也雖然聖人亦有不語也忘食忘憂乃因子路不對而表其爲人好古敏求又以人疑生知而白其實學其不忍不語者無非欲人審其下學上達之端而有所不語者亦欲斯世趨於正大光明之域然則當對而不對非所以覺世若無隱而不語正所以維世顯爲吾人明希聖之功德爲天下杜踰蕩之門其道易知其教易從亦安在不可對人言而想見其爲人耶噫聖人之蘊非葉公所能窺測子路之不對非無所見然當對不

對與不語而語皆是以滋當世之惑是以聖人之學無不可對人聖人之教有不以語人若以予不語者而問於予而予亦不對矣

夕陽山外山

指揮如意慧業天生　原評

清華朗潤儼之水月亦當仿之明珠　葉師瑁山王老先生

美人細意熨貼平裁縫滅盡針線迹　葉師家居之先生

神骨龍縱用筆直如俊鶻空空兒有此妙境　同懷兄暘起

子路不對子曰女奚不曰

仁和張　鐸六黪

以不言示聖之難名聖人非無可言也夫一不對之意誠以聖之難名耳而子之可言者自在也茍復以曉子路款且吾黨原無高世之心而茍深藏自識將聖人之無不可與人言者必至無一可與人言而止夫聖由天縱殊難口舌以相求而德令天下震其名焉又殊非事之白於斯人之至意也已葉公之問殆心儀孔子也子路從遊日久其於夫子豈有不知而難言者夫謂吾徒而決其疑即出一言以徵其信儻亦未可以嘿爾息矣而不意其不對焉且夫子路之不對也雖不敢以薄識渺視天下而不欲以畀論窺測

聖人之何則生民未有同堂共致其贊揚而仰持是以對贊固無庸也大德歸於無德將一尚其褒頌之稱而已為泛說則緘默相當雅意獨伸于不言之表已於我何有夫子時形其謙抑而欲執是以對讓亦未敢也至名反於無名縱百致其精詳之辭而猶多漏義則淡漠相遭淵懷固盡在不言之中已然則子路之于葉公其以不對對之共于是而知聖如夫子寔有不易言也天下之震[illegible]而不得其故非一人矣雖屬一二親炙其光者徒隨[illegible][illegible][illegible]荅而聖人之真不盡傳也是淺言聖而失深言聖而愈失已爰諸[illegible]變之餘不容徐不知以為言正吾黨之善于知聖人也豈子路之

無以對葉公也熟於是而知聖如夫子維無不可言也天下之想望而私贊其名非一人矣苟得一二煥動致贊者使緣所問以相答而聖人之真徽可傳也旦詳言聖而尚不識聖不言聖而終不識聖已也感心寫之下自當即所知以為言又吾黨之不能辭其責也宜夫子之因而語子路也夫凡得意忘言之境當局者或難傾其隊來而旁觀者恍悉其衷曲況夫子無行不與而二三子問[illegible]而大以還無不得之目見耳聞也抑與人為善之理局外者或高深之莫測而局中者自意願之欲通況二三子升堂入室而夫子宮墻美富之規本非別有希奇表異也此夫子誠非無可言

忽觀以求

更晚會長得二三爾加嗟

而榮夫子

而樂夫子

者而子路奚不舉以對葉公耶。聖人曰與斯人接。而其生平行事。不啻揭日月之明。益學問之道。非徒獨喻者矣。然則子路可以悟。即葉公聞之亦可以思也。

秋水澄空。寒潭倒影。文境直造清微。以此涵詠聖涯。何處着⊥

此覇才塵想。趙放人

清思裊裊。神理綿綿。周千之

子路以告　有命

汪太宗師歲考徽州府學一等第四名　林佳

聖援命以荅賢知律己者嚴矣夫由豈不知子之以命自安也而猥以彌子之言告之耶亦曰不以告不足以見我孔子耳今夫人惟不明於分定之說而好以媒進求槃援於人於是往往以小人之心而輕量君子之出處以不必有之事而輕測聖人之淵懷久矣夫議論多而成人之美者少也乃以孔子而猶不免焉其他則又何說然或人謂衛之有癰疽也謂衛君之所寵而幸焉者也能分爵祿以榮辱天〻〻〻者也天下之士固宜其趨之如不及者也雖以孔子之聖亦不附之旨也即以孔子之門所藉強勇如子路者亦當廉然而

明袁黃狩叢刻郭枝四十葉次

徐也君々則得一癰疽孔子之命已貴有癰疽而孔子之命已
帝癰疽矣亦何視聖人之淺也哉夫孔子不主癰疽而主顏讎由
此其事至彰明固無足辨乃或者之說既如此矣則是或人意中止
有癰疽不知衛君之倖倖不止一癰疽也或人以癰疽為可以制孔
子之命而孔子苟不安命亦不必主癰疽也夫與癰疽同時稱倖佞
於不有彌子乎彌子與子路不有姻婭誼乎彌子既托子路以介紹
孔子即因子路以姊婦不亦情之可通而事之甚便乎況彌子歟
主我之意其情則甚親衛卿可得之言其事殊可信子路平日即強
勢不屬或者念其妻之故而不忍竟拒於當時然且惆夫子行道之

冗鄭亦冀見可行於此以亦此其情之不獲已者猶此其所以告乎何孔子於此少有惑人之見在其胸中則不惮竭蹙而從之矣甚且棄生平而狥之矣乃孔子不以居其國而非其大夫也不以大夫之讒我而受其諂我也不以亟於行而輕於去也不以賢者之愛我而反答其諂我也姑以一言謝之曰有命噫聖人樂天知命固如此乎平生潔身自好殊覺貧賤之為安當途賢佞不侔秪信順恬之自適為子路者可有辭矣為孫子者可以已矣千百世後之惑人亦可息此

評

原

前半牽連然雖未題面全套實做補未合法

子路以告 林

思抵 已作中式

惑之決不可以繩尺拘之 黄長

子路以告

華亭林邑尊歲取本縣六名　周　路

有不容已於告者將欲決之於聖人焉夫子路豈肯以爾子之言告孔子哉然有不得不告者殆欲夫子決之歟嘗聞聖門有由瑟言不入於耳若是乎不入耳之言悉因子路而屏豈反由子路而入哉乃有事雖不滿於懷而機若會逢其適則當中心刺謬之時正無容置之不論不議之列而默爾以息也如孔子主衛而衛卿可得爾子之告子路也非欲子路告孔子哉吾知子路於此若信焉若疑焉若幸焉若慮焉何信乎爾尼谿則見沮矣君社則不封矣夫子之論落半由於權貴之獻讒今日苟招致有人將始非吾

翻筆清透點出爽心

玲瓏

透至結撲出題

道可行之一會也夫趙衰薦自勃鞮孫叔敖交於優孟誰謂彌子不
評莊嚴有筆○有書
可薦賢乎故信之而有此告也何疑乎爾公山則徒欲見矣佛肸
則徒欲往矣夫子之堅白幾不免磨涅之多方今日雖汲引有人
未必非不善不入之一端也夫高昭通齊景而不用季桓使攝相
藻思綺合光采陸離
而不終誰謂彌子遂可先容乎故疑之而有此告也其幸焉奈何
此比注意則從上作襯而意態之習
蘧大夫有知心之雅未陳薦剡之書公孫枝有錫爵之文不再見
同升之樂衛多君子漠不關心而乃有姻亞之緣竟可作昌期之
向可想衛國[illegible]
遇則謳章不屬當教之前為段其徒際可之仕也兆足以行未必
俱切
夫子遂以爲非也是深幸而有此告也其處焉奈何王孫賈有婿

衛事

竈之譏子以正言斥之君夫人有願見之請子以大禮範之婦人孺子動多狎侮而乃負餘桃之寵竟欲歌杕杜之章恐遺羞不減招搖之市進必更甚軍旅之謀也道大莫容未必夫子遽以為然也是深慮而有此告也迨孔子決之曰有命而後知子路之告良有以也

文情濃郁詞采飈流

突立奇峰幽思天矯分應處俱細心熨貼用筆更跳脫可喜　原評

此告字不過將他言語傳述一番文獨於告字中寫出子路許多衷曲能使面面都圓絲絲入扣○春嶼余族妹倩天資穎敏落筆清超此其縣試作也是年即受知　彭雲楣先生拔置第一後赴棘闈屢薦未售遲速有時跂予望之　徐香沙

○○子路以告　有命

歲考福州府學一等第一名陳瓊

聖人不待聽於命，聊以答賢者之告也。夫孔子豈待審於命而後決哉，有命之答，聊因子路之告而曉之耳。且行踪之乍合，貿貿然無所決擇者，皆不知命之流也。若聖人者，自能安安而不妨以命爲安。反若命在庸人而可無者，在聖人則必有此。及門之士，相與樂得其意而去也。奇是哉，衛鄉可得之言，敢以歆孔子而欲因子路以告哉。胡不思子路何如人也，平日緼袍之不恥，方且甘貧賤以[illegible]一旦浮海之不辭，豈復慕浮雲之富貴若是乎。即因子路以[illegible]路亦盍爲之道也。然而吾道有可行之會，則轉移在我，或不爲安遇之達人遭逢無終困之時則氣運忽回或未必不寄[illegible]遇之介紹故姑告之以探孔子用世之意歟孔子曰是有命焉不可強而致也命在則必受脫令不受於命而奔走於衛鄉則一鄉之輕重幾何不受於命之輕重又幾何我蓋不若是之憒憒也命在則莫逆假使逆於命而覬覦於衛鄉則一鄉之加我幾何逆於命之損我又幾何我殆不若是之倒置也予盡爲我告彌子曰東家丘爲人迂甚爾即彌縫極工而彼自有彼之命其奈之何且東家丘爲人拙甚爾雖密爲操縱而彼既有彼之命抑又何求孔子之曉子路如此噫轍環殆倦之餘孔子自聽命於天而何之

於彌子。餘桃駕車之後彌子且顛倒於命而奚暇於孔子子路言

以告彌子彌子應爽然失也

妙在不說倒子路命字亦看得活機趣洋溢又不待言

子路以告　陳瓊

子路行以告　以告　陸宸鎔

聖賢之遇窮也、有兩不得已之告焉、夫以沮溺告矣、復以丈人告、是豈與易之心哉、故曰不得已也、昔夫子之仕乎魯也、子路兩以行告矣、謂斯人之不可與、傷吾道之窮也、雖然、家異其業、人異其其風、壘僕々沂、祇足益不平之鳴爾、又焉往而不窮也、沮溺之言、子路胡為乎告哉、夫南子之見、子路則慍之矣、佛肸之召、子路則沮之矣、浮海之嘆、子路則喜之矣、意子路早見斯人之不吾與無適之不與易、後有遇者、皆長沮也、皆桀溺也、故以告者挽吾夫子耶、雖然、子路之心、即夫子之心也、使子路去禮樂而誅五穀杖荷蓧而徹琴書畊田鑿井與老農老圃相見吾有以知子路之不能也然則子路胡為以沮溺之言告哉蓋子路之心即夫子之心也見斯人之不吾與無道之不與易行以告馬與夫子同寄之憮然可耳意異矣是何沮溺之多哉其農老圃又邂逅遇之矣嗟嗟向也得向夫子而告以沮溺之言今也併不復見夫子而告以丈人之遇抑又悲矣雖然子路固然不能去禮樂而談五穀杖荷蓧而徹琴書者也能久與二子為伍雞黍為緣乎明日之行子路曰是非長沮也是非桀溺也敢再以告夫子焉致欲飛

趙邑尊批

筆陣如天馬行空、如疾風捲籜、聞其聲而不見其迹。張西園

行文如畫家一樣淡淡敷筆、自有淡中之趣。正復不嫌寸淡。瞿岫殷

子路行

陸

子路行以　行矣

陳科捷

賢者急於告師隱士決於避世焉夫子路以所遇丈人者告夫子初未知其行之亟也使反見之則隱者之迹邈矣嘗謂高遯之士（破題）入山必深入林必密恐聲聞於外則人多物色之其堅執之志固非吾徒之所能挽也乃行人言別旋踵未幾雲水依然未意空存（倒點隱者）環堵有心者猶結想其人也子路宿於丈人已明日矣回想其時牛檝雞塒之旁山翁留客若猶有意於人世也攜幼坐隅逡巡氣（逆斷題）象則濯纓儔侶將欲來逋客之譏丹崖碧樹之下野叟明尊似尚未泯於名心也舉家供具醇樸襟懷則繼燭言懽得無動於招之

太史家藁

與子路行矣而丈人固尚在也得不爲夫子告哉顯晦由此殊致吾黨抑塞棲皇無所稅駕在冷眼者固謂所圖何事也若彼人者朝采南澗夕息西山置身塵壒之外亦極遂其高蹈之懷矣而徒以隴畔相逢率真告語則若近恍而若遠直令人忽生慨嘆於其間出處本不同謀吾儒纏綿懇至孰與彈冠在瑩心者固已棄之如遺也若彼人者振衣千仞濯足萬里浪跡寬閒之鄉亦行[illegible]其幽栖之志矣而可以衡茆信宿極意留連則一暗又復一明轉令人不能忘情於其際夫丈人固隱者夫子業已知之而使子路反見丈人其果可得見哉遂古豈無巖處之流鑿井耕田生人自安

樸拙亦僅與帝力相忘耳箕山潁水益傲世之徒耕以自異而形迹詭秘竟同於鳥獸之羣意丈人不若是恝而不謂其所先爲計者夫子已不及追睹也故客回旋不過見所見以相質乃屏之也不欲闖邱園誰主而杖屨飄然空覺神情之在望聖賢亦有窮儀之日禮衰貌別君子不受虛拘猶每維舊分未絶也閉户踰垣第一時之遇道在則然而聲氣應求豈外於冠履之華意丈人未免有情而不謂其所不肯顧者子路又不能追蹤也塵蹤盤轉祇即闌所聞以徐商乃去之惟恐弗速門巷猶存而烟蘿寂歷欲追嚮欸以無從彼丈人者亦終不得見矣在子路之來告尚未有隱者

太史家藁

之見存於胸中逮子路行而丈人亦行落落心期似許荒凉而遐舉在夫子之使反既已有隱者之容得於意內及子路欲見而丈人不復見悠悠人境將舍倫類其疇依然而夫子之所命子路者其可默然已乎

末節子路所傳告丈人之言皆繹夫子指授即在使反見之內傳文是用倒點法若直叙必曰汝告之云云後則曰子路述[illegible]夫子之意云爾故於此題必須透出下意不然只是叙事空腔有何把握可發揮耶五六兩比就丈人避去用兩意翻起尚在題面不侵犯文之梗概如此毋以字句求之可也

子路行

子路拱而立　子焉

安徽劉宗師科覆　舒城縣學三名　任嗣淹

以禮旋者以禮答皆相感於其微也蓋子路心異丈人故以拱立
明禮也若止宿以及見子不又以禮待由乎且邂逅之晉接無心
一語論定
者忽置之而君子即於是覯禮夫行蹤可異雖示我以傲不得不
致敬其人而感其意者飲食酬對之際已大遠踈簡之為各相喻
於不言而禮著矣植杖而芸丈人待子路如是斯時也夕陽在山
畫墨蒲潭淡雲籠月
人影散亂雞栖於塒彼黍離離丈人殆欲荷篠旋歸樂其家人父
神對
子已乎不謂尚目屬吾子路也若謂萍踪過客亦可付以無情而
此從丈人心中設想下文有已然也
猝焉相問諒亦自悔其失詞則徘徊陌上得毋隱有所動乎彼懷

人而不見我非種之務鋤此意原可以默解哉冠劍佩之氣胡為弗攝也岐路征人不必盡為留意而繹吾之言應亦心服其非過則流覽田間得毋默有所感乎從遊者徒勞力田者長樂此情原不待深思躊躇四顧之餘胡為弗去也維時丈人窺之已見其拱（出）（子路拱立從丈人自已看）而立云勇者之氣質難平當傲俛之絕人使即徑行不顧第途人（巳伏隱者之根）相值已耳然而子路知之矣蕭然白髮農畝是安雖風雨嘯歌未知盟心何在而迹自列於田家行不等於野老寧不心焉異之耶（一比休洞帥）彼自慢而我自敬率爾之情形當此不覺其頓折野人之行藏難（二比總知多絕天表）近當斂躬而相對使仍旁若無人亦覷而千里已耳然而丈人進其

之矣岸然道貌顧盼自維維風塵況瘁已料素志相違而忽蕭竚
時儀度早將無限精誠寧不中心藏之耶前可偕而後可恭崇門
有喊忌
之風味至此亦覺其如覯何也丈人感子路之欽而為之止宿也
文人止宿ノ此子路日中丹出
維時子路且歷歷計之大烹之養久虛而家食難安曷勝無聊之
嘆唯是投宿有人得偃息焉足矣豈望謀於中饋而山肴野蔌忽
雜令邪人
陳田舍之盤餐請謁之人莫覩而獨行中路祗增孤客之悲惟是
留宿有人共盤桓焉足矣豈望來自階前而弟後兄先忽序農家
新發僥例
之賓主乃子路一計其供不腆矣曰雞黍食之也再計其謝不敏
遜廣小前体學
矣曰見其二子也意者禮尚往來丈人殆以報子路與然而子路

拱立時固念不到此耳夫以今之殷勤較前之倨慢其行頓殊如又邁塵上人是此為何如人不將輾轉而達旦乎乃未幾而明日矣待子路如是爲用彼此互看之法便覺實者虛之板者活之其風神絕俗雅致宜人異于摹古贋鼎

朱東驂

子路拱　任

子路拱而立　以告

浙江宗師歲覆　秀水縣學三名　江有彰

敬老而轉致其敬，自濕暱而急告所避矣。夫子路欲丈人而丈人忍以禮接，已大異相責時矣，而謂拱立者能已於明日之告耶。今丈人意中所加敬者，鮮不形於容貌之間，而意中所欲白者自難（嬖如繁切）綫於晤對之際。當日暮途窮，此以禮施，彼以禮報，一時邂逅之奇逢，誠有可轉述於聖人之前者焉。如丈人既責子路而芸而不顧，（鋭斷梁句[illegible]調）吾想此日之子路，遂瞻夫子未卜托宿於何方，近觀丈人雖知力出而自食，將所謂齋館授餐之雖家庭饗宴之歡者不可得而久。陽欲下棲息無從計，惟有疾行而前，見夫子而急為告焉耳，而孰

知子路不爾也但見其體貌然非行也立也禮貌有加乃所以尊
有德抑見其手翼如非趨而將也寔拱而立也儀容改度非兼以
敬高年意異矣夫拱立者子路侍夫子之禮也倏令端拱鞠躬之
上矣難展入告之誠奈何獨立獻酬之間從自抱旅行之歎今而
以敬夫子者敬丈人丈人將何以告之耶而丈人已怦怦然動也
于是若告以知止之意焉告以力食之道焉告以室家之樂焉彼
其禮意殷勤情文兼至一似酬拱立之意者而要之此日之子路
致有辭乎為情者矣蓋其中心繾綣惟期師弟之追隨乃因拱立之
敬而與野老共居諸則此夕之假寐不遑殆有懷而欲吐一內念嬌

蹌。惟與晤言於几席，乃固拱立之致，而與農人相酬酢，則終宵之轉輾反側，殆含意而欲抒，未敢而東方既明，別丈人而就道，前旅已及，向夫子而言情，子路行矣，行以告矣，其告也，不第述其止宿（將豈徇敘已了）之情，雞黍之食，二子之見，而并備述其責己之言，倨傲之麼，蓋拱（末句內無一出於圖總緒）立之，子路至此，愈見點之忠矣，是知恪恭以致其敬者，所以異其（叔康謹嚴）語，而倉皇以質於聖者，將以定其人，究之無從異也，無從測也，觀所以待子路者，而其人可知矣。（補點盡無引歸路）

融題有法，起伏如常山之蛇，首尾相顧，而筆意自極蕭疎古秀。

神仙中人不易得，每讀一過，令人吞本生蓮。張餘堂

能手遇此種題。易作絕妙好辭。文獨以白描擅勝。彌見高雅。朴小先生云。首尾相啣。如環不斷。蓋得訣于隆萬人者深也。朱東發

子路拱而立　者也（論語）　吳聲震

子路拱而　者也

江西王學院考　吳聲震
入峽江一名

賢者異其人而將以啟聖人聞其行而異其人焉夫拱立之時子路已異丈人矣寧俟止宿後乎隱者之嘆夫子殆與子路有同心哉且人不易知況在孤高曠異之儔乎自非賢者不能相契於立談之間抑此聖人亦無由相識於形迹之外也如丈人之于子路待之倨矣責之嚴矣子路於此顧且以為何如人乎觀其業則農也聽其言則傲也噫是果何如人耶乃子路斯時已心異之矣爰拱而立焉豈欲以是感丈人耶抑欲化其責我者轉而敬我耶吾想無而邂逅相對無情安知不更激其傲世之心并絕而弗顧乎

乃何止之宿具雞黍見二子以接殷懃乎夫非猶是向者之子路耶丈人何前倨而後恭也維時子路心益異之回憶其言論而未敢遽定之也目擊其行止而未敢聽斷之也明日行矣以告夫子子曰子向者之所遇子且以為何如人耶觀其業則農也而不可竟謂之農聽其言則傲也而不得竟謂之傲子且拱立耶彼且止宿耶具雞黍見二子以接殷勤耶意隱者也汝尚難定其為人耶夫子一言出而丈人之品定而子路之心愈釋矣所可惜者出處之義夫子久欲為若輩言之子路胡不於拱立時一了為丈人告乎夫子安得無反見之使

鎖頓入妙

應筆雅淡

挽合殊妙

題本記體。然一經鋪敘風景情態。便為笨伯。此獨於無轉折處畧用頓宕。自覺生動異常。 原評

拱立已必異其人。隱者乃真定其品。中間止宿一段情形。正見其為隱者而當立處。於平敘中得蟬聯法。應從古文脫胎来。

子路拱 吳

子路拱而　行矣

江南謝學院歲入
高淳縣學第一　唐允中

（對破）於拱立者示其隱、不欲以再見者易其隱焉、夫拱立則止宿反見則已行異哉丈人、斯為隱者乎、從來高人逸士其舉動每非人意計所及料也故有偶爾之周旋而遇人之禮在其中藏身之智亦在其中如子路所遇之丈人是已丈人何如人哉頓子路亦心儀其非常人而未有以定也而稚雞劍佩之容忽自斂於行止之際乃丈人亦心儀子路之知其為非常人而欲示之意也而慇懃晋接之雅忽自施於有客至止之初第見其一拱立一止宿人不相期而邂相值也心不相知而偶相樂也流連竟夕不識可以

（二句湯閒精）（原評閑鍵）（伏隱○[illegible]）（摯行字）（摯○來○字）（原評）（俗手竟填塞不鬆。點過沖泉在注下半截）

眷○下○書○啟○
繼此而得見乎孰知乎路告而夫子乃不能已矣使反見而丈人
原○評○悉○出○脊○深○根○見○認○出○生○淩○趣○終○吉○晉○長○謹○時○
愈不能已矣顧瞻徽之之周行疇甘假寐業已有所托而遯焉此
其孤蹤能毋動有心者之感乎乃或為旁觀之太息或為當局之
此○上○夫○子○不○能○已○一○
撫膺心之憂矣相諭宜獨在不言之表斯固夫子情深焉而亟欲
告語者也俯念閒閒之下亂誰與同歸今適有人過而問焉此其
意象何堪頻招隱者之應乎顧彼欲倡予而不得此將和汝而無
原○評○概○當○以○慷○
此○比○丈○人○不○發○之○
撫其如命何相遇正宜在形骸之外斯又丈人過計焉而思思引
原○評○閑○雅○
着眼總者一字
避者也嗟嗟丈人誠何如人哉一理亂置之不聞矣而田家之經綸
此比束首○二○節○
原○評○大○有○穩○
獨有治而無亂故當其拱立即明示以閨門之內肅若朝廷是非

皆所不計矣。而達人之高致。若今是而昨非。故及其反見深不顧。於風塵之外。別有物焉。亦可以誠感。亦可以禮動。斯人誰非吾與者。忽焉而留。賓忽焉而避。客所為真不可測者。子路與丈人流連竟。而尚不知其為隱者乎。而胡為乎張張有辭也哉。

原評。出。隱者。亦。有。意。致。脩然遠寄無一俗情。　謝坤侯先生原評

提隱士以貫全題。千篇一律矣。只於結末一見。前俱空舉。化盡常睦并謝俗鑑。此手筆之最高者。不能已已。比凌空落筆。全局俱振。章法亦精。　黃葦存

卓爾不群。一段敷衍支離之陋。散行偽古之畢。　黃儒醇

子路拱而立　　孫沆

擬形於拱立有心興其人者矣夫人非可與子路豈肯致其恭乎若丈人者能與拱立以待之今夫情與情相決而禮生焉未有情不相親而禮怨相歆者也若乃萍踪相值而人為非常之人則降心以從固見亡於禮者之禮此其契合有由夫豈陷而入於恭也耶蓋如子路之拱而立是已說者曰丈人之責子路傲矣植杖而芸耕亦愁矣是豈可與言者子路竭欲見夫子則有猜前路以驅馳置若人於不顧可耳若夫遵先生於道正立拱手此事長之禮則然子路與丈人以個非有請業請益之雅也且當日晨門沮溺輩子

層ミ翻剔筆力過異

路與問荅良久卒未聞禮貌若此今日之事得毋疑其過情乎吾有以竊其心矣以彼形癯而貌古廹非若耰鋤襏襫之儒其行事不盡知其意態彌可挹也風塵而傳物色之奇若斯人者不妨少住為佳而徐以觀其梗概以彼氣率而詞直更不同放浪形骸之

言○節○而○意○長

去其面目以不情其語言彌有味也道路而適中心之願如此人者焉能掉臂以去而不稍致其綢繆於是神則馳於轍環之左右而足則何為靡敝之遷延志則廹於執轡之殷勤而身則等於見賓之整肅其抑乎自下也頓改夫野哉率爾之情其儼乎若愚也忽易其劍珮雞冠之素甚夫倉猝之周旋每難期於淑慎而子路徧

子路…而…行矣　章鶴鳴

遇者不終遇其隱僻矣蓋始而遇終而行則遇猶不遇也大人誠隱者哉且天下之可得而遇者皆其可得而見者也乃有始焉可遇復可見緫焉不可見矣不可遇遇應異矣則有如子路之與丈人者一日者子路從夫子游相失在後其意中止知見夫子也其一時所遇何人也所問所答何語也所接見何禮也所飲食何饌也所從容而晉謁者又何人也蓋皆不可記憶不可記則何以知其有所遇也曰以往告夫子則知之告夫子則知其不期而遇者丈人也且以杖荷蓧也所問答者不勤不分數語絕不談行藏事也所接見者或拱立或止宿如循子弟之禮而達賓主之情也所飲食者或殺雞或為黍享之

有禮數也所從容而晋謁者命二子出見少長咸序先後秩然[illegible]戀
異矣夫子聞之使往見之維時子路行且止復涉桑麻田野間猶
然遇丈人者以杖荷蓧否猶然問答間語及體不勤穀不分否猶然
此也拱立彼也止宿否猶然殺之以雞為之以黍否猶然出命二子
淵見否噫異矣丈人行矣丈人乎丈人乎豈非隱士乎

不寫情不寫景單寫意不着辭不立論单術題注定行以告一語
看出前二節俱是記者從告後先記在前方是一虛冐一正序一
反寫通体絶不放出隱者二字通真柳州諸記

子路拱而　以告　湯　誥

禮足以作草野之縱其事可述而志也夫拱立亦儒者常度耳丈人之止宿即因之子路之行以告也能已已哉且賢人之立身行已也止乎其所不得不止行乎其所不得不行禮以義起耳故時而偶相值也其志雖適不同而其流亦未忍絕一時田間景況蓋有可述者焉子路失夫子而聞丈人不且相拒之甚哉斯時也夕陽半墜農歎言旋有懷誰告欲行何從但覺荒烟冷澗之墟佇一儒範高衣剝歲然也劍佩儼然也而袖與襟雲似歟也澌身對老叟而無言也曰云暮矣拱而立也胡為哉丈人乃携杖而前曰荒廬在望以永今宵子

其留矣未敢武間而入大人之庭矣下丈人之禍矣柄雞可割香黍
可炊家蓋與山飯錯陳也主人與佳賓式飲也乃命二子何長者而（不然獨領）
揖之不亦猶く乎一揖之餘意呼異哉有是父有是子也不然茅屋（踐佳亦映到長幼之節）
數椽何以傲彼世途之援也黃昏一飽何以冷彼世祿之饋也家庭
聚首父若子之嘻也何以誚彼師前而弟後一天而兩地也于路方
夢回殘漏擁衾自疑吾夫子今夜宿何處也未幾而明日矣四野雞
聲一窗曙色釋子披扉丈人出其且也門以外車轍く而馬蕭く行（款留日駕去人子路分岐如畫）
人過矣子路能少留乎山林日短道途日長雖不見夫子于何處而（應子其留矣）
拱立之地與止宿之村回首與求心俱遠也但見步履間有蹋躞其（歸雲雜樹）

恐後也。口吻間有急迫其欲傾也。言未畢而聲欲吞。口方啓而情欲絕。田間之樂致。奇逢一宿之緣。失後之悲情。點綴千秋之色。可述而不堪述者如此。

韵絕

摹盡不減繪風手。遣詞運調更騷雅如古記。王式如

人〻意中之景。非後人〻意中之筆。鮮榮冷汰欬唾皆珠。陸臨源

關山則風月懷愴。隴水則肝腸斷絕。後幅更描出溫助教人跡板橋不盡之意。吾邑張鹿牀先生為賓王族子宦餘所作課兒草。幾欲突過福胸生。自其殁後。騷雅寖聲。偶咏斯文。前輩風流。大抵波瀾莫二。李芷林

○○子路拱而　二句

陳章昊

相慢者轉而相敬、兩人之賢見矣、夫以子路丈人問答之慢也、而一拱立一止宿何相敬之速乎、君子于此兩賢之合、或出或處各行其志其意見未有不格格不入者也、然而賢豪相遇每不轉盻而相愛慕之誠徘徊逍遙之間恭以作其肅放廢禮法之外亦（措句妙）作而致其情焉（有勁氣）于路與丈人卒然而遇以不相知之人為不相知之語一問一答譏刺紛如誰曰道不同不相為謀吾知子路當發然而返而丈人亦終已不顧矣然而此兩人非終不相知也惟子路勇于闘通者也不勤不分其所以責我甚厲然卒爾而問實自召之矣。吾既失口于人，而尚可失色于人、失足于人乎？由是拱而立焉。以為尚齒，則禮然，亦猶離立者之無徙參；以為尚德，則禮甚，亦猶並立者之不敢倚。匪曰虛加其禮文，聊以明尊崇之意云爾。（原評：摹寫一一細膩。）惟丈人通于世情者也，自植自異其所以待彼甚倨，乃敵所難堪，安然受之矣。彼既修儒者之容，而尚可習倨傲之態，忘款洽之誼于？由是止之宿焉。雖賓有禮，主則擇之。君子至止，于我歸秭可也。（原評：佳。）日云暮矣，吾子少須。有客宿宿，以永今夕可也。雖曰縶情乎結納，聊以答禮意之勤云爾。（原評：後幅以牙叢足之。）丟以負氣壯往之士，一言折服，而肅然即生其敬；草野之間，而忽有揖讓之度，大異于驕蹇不恭之為習者。

矣以此名屛跡之士徵禮感動而油然即生其情道塗之遇而傾
為堂戶之賓又與乎沉淵洗耳之為癖者矣觀其一拱立一止宿
何前倨而後恭知兩賢之不相厄也可不謂相得益彰者乎

竟體雅淨菊秀蘭芳　原評

摹畫兩人神致別具高情遠韻蘭不言而自芳雲無心以出岫
非一味雕飾可及　樸林

子路拱而立　以告　　張斗交

立與止之兩相動也賢者轉述其事于聖人焉夫子路之拱立殆有丈人所動也而止宿而雞黍陳而二子見其動子路者何至乎安得不行以告夫子嘗觀夫賢士之于高人而慨其用心之大相懸也蓋賢士之所為多為高人所指摘而高人之有意多為賢士所微窺此（尚中情事一言盡妙）噫者于無端相遇之後而轉述其事于聖人也當子路之問夫子于丈人意丈人必向子路明以告（告字旁注一字）而爾夫子何所往而乃不然也觀其言則皆相諷丈人于斯豈復有子路在意中哉子路以為其意雖倨以我則高其詞雖傲而迹則奇夫誠可敬而不可侮乎徘徊之際不

覺肅然起敬矣拱而立焉子路殆為丈人所動哉丈人頎瞻良久謂

是人也尚可以教進而告子路曰日之夕矣前途何之衡門之下可

（以告字作眼）（如陶靖節扶花源洞）

以棲遲聊當夏屋之安可乎子路曰唯唯遂與至其家焉徐而告曰

（古詩）

田家市遠愧無兼味不腆雞黍式食庶幾聊當大烹之養可乎子路

曰唯唯遂與共盤餐焉既而告曰野人有子未知禮義呼之使出以

拜長者聊見吾家人之樂可乎子路曰唯唯遂與成賓主之禮焉想

（情神曲至宛宛想閒令我心動）

其時昔相拒之言使人不堪回首念今宵相待之情尤令人不違作

（直趁題未先推一層）

寐矣雖然榻可下食可進子可見而子路則心乎夫子者也安得卧

（如流）

月而以此告夫子哉未幾而東方明矣月之出矣子路乃謝丈人田

吾行矣。于是出四舍而就周道，瞻望夫子前途未遠，乃行以告之。子曰：「由非敢遲也，而奔逃者相追而不及。過一人，為問所從，彼則不無以對，且出數語以相識。由見其非常人也，于是拱而立，而彼則吾宿食吾，雞黍又命二子出見，以視石門相識、問津來朝者，相去不亦遠哉！此所以告于夫子也。吁！周流以來，聞人多矣，而獨以丈人之事告之夫子，諒夫子必不能無言矣，然果以為何如？」

以告字為骨，出落布置有天然之趣，若增一分則太長，減一分則太短矣。龍門為生，此得其匹。

子路拱而　行矣　　鄭騆

隱士可以無心接不可以有心見也、夫拱立之餘、丈人之接子路甚殷也、及反見而丈人行矣、此所以為隱者哉、（由旅知題）且從來石隱者流皆世之有心人、因所激而逃焉者也、故其迹每不欲與人近而情或不相遠焉、其情雖不甚與人遠、而迹終不可近焉、若近若遠之間、所以動聖賢之低徊者正不少矣、如荷蓧之丈人、所謂知有止而不知有行者也、以子路對之、固宜其不相入、乃聽其詞則甚峻、繹其旨則人甚果、子路于此、雖未能定其為何如人、蓋已心窃異之矣、因進而拱立焉、舉率爾之意氣、肅然改容、欲以倍此以恭將固以觀丈人之所為，而丈人亦正不可測也。（神脉貫注）頃而曰：君且休矣，夕陽在山，尚能就我宿乎？遂復舉所携條荷之，引子路歸茅屋數椽，雞犬桑麻，宛非風塵之色。須臾為設食具，雞黍惟謹，因見其二子，從退禮讓皆可觀，頗不似從日間來也。嗟乎，萍蹤作合，殊昧生平，竟夕流連，獨深款曲。謂丈人為有心乎？抑無心乎？謂為有心，則避跡窮途，有客宿宿之所，不必同心，亦何須識面，可止則止之，丈人猶人情而已，非有他也。謂為無心，而鞅掌之煩，似不若止宿之逸；（情生于文文生于）鼎烹之感，似不若雞黍之安；歷九州而相君，似不若家人父子之樂。丈人得毋有意乎？而此時子路不及察也。撫晨光之熹微，問征夫于前路。于是夫子得聞之。慨然曰。是必隱者夫。乃追思疇昔之夕。其所周旋。無一非隱者之高致。遂承夫子命反見之。而丈人且遯乎不可覊矣。想之避世之士。類皆有過人之才識者也。彼其悲天憫人。未嘗不與聖賢同。而一則迫而為救世。一則激而為逃名。夫子以為世運雖衰。但得躬耕獨善。如丈人輩共起而圖之。于時必有所濟。而豈知銷聲匿影。即拱立情摯。觸目宛然。而其人已往。而不返哉。（心寧歷歷如西）雖然。子路不反見。不見救世之切。丈人不行。亦不見逃名之真。然則夫子使子路時。固明知丈人之不可見。而接引之苦衷誠有所不自已也夫。

鼎科小題可人集

別有逸氣。曲曲折折。如入桃源。瞿孟穀

○○○子路拱而　行矣

謝履忠

賢者所敬之人、始終一隱也、夫丈人以禮待子路、既可親也、至則行矣、又不可得見也、真隱者乎、且夫人而既以隱爲高也、仰之養可也、親之不能也、如子路所遇之丈人、其植杖而耘也、亦然以隱傲子路也者、子路何以拱而立也、無亦以其隱也者而致敬耶、獨是隱者優游足適、潔清爲懷、其情甚淡、其禮甚疎、其風甚峻、故其在阿在澗、居無定也、寤歌寤宿、獨寐而無耦也、桑麻雞犬、聊以自娛、真隱者也、而丈人不然、觀其餒子止宿、風何古也、供以雞黍、情何密也、見以二子、禮何嫺也、以行蹤之磊落復不減人世之周旋其亦猶夫人也雖然丈人固隱者也微夫（筆筆作轉已將題中累）子言子路亦知其為隱者也然夫子不欲其終隱也使子路反（重處運化成一片雲烟）見之殆將以不可終隱之故動之耶而無如丈人固隱者也有（餘波未平）子路之反見而丈人愈隱矣或者曰丈人非隱者也農家者流也夫主伯亞旅何地蔑有未有行事若此者使其果農家者流也何以求向者止宿之況而已隱矣求向者雞黍之供二子之（看他一路蓄補法）見而亦隱矣而于是其情雖密不可再見也而于是其禮雖嫻不可再見也而于是其風雖古不可再見也豈逆料子路之至（收得周密）而遂行耶回憶拱立之時已邈乎其不復得也丈人非猶夫人

也丈人真隱者哉

挈一隱字作欄柄迴翔起伏矯捷異常 孫子來

不屑工鋪叙特枯一隱字前後映合自成佳致 章豈績

風光澹與水月空清文之蕭疎閒遠似此境也 張日容

無一筆正點非穿即補慶曆間人不傳之秘 黄際飛

子路拱

子路拱而立　行矣　　顧兹智

聖賢皆有意于隱者、特可近而不可致也、夫子路之拱立、即夫子使反見之意、乃何以止宿之、丈人而竟不可復見耶、是誠隱者也、且聖賢不為隱者微情不自為而已、又不忍使天下之人或為之而無如隱者之不可終强也、故偶然晉接似出有情既而追綜其迹即杳乎不可復接、此則聖賢所無如何耳、吾有慨于子路所遇之丈人、丈人何如人也、耶、而何其責子路之甚也、使子路即棄之以行、奚不可者、然而丈人固隱者也、子路已心知之矣、知其隱者而欲近之而不能欲慢之而又不敢、意中以為若而人者吾與夫子所欲見而不可得

論語

者也若之何其可忽之乎是拱而立焉維時丈人乎此或竟行可矣而顧不然其見子路之懃懃有禮也抑抑乎自下也且皇皇其無所止汲汲不知其何所宿也乎是止子路宿焉鷄黍食焉二子見焉丈（即倚伏）人何如人也耶推其心殆欲以隱者之風隱動乎賢者之懷而困以（應）

（告字極有筋節）

入乎聖人之耳此其招隱之意乎然而丈人不言乎路亦無辨而不

（前後呼應一片）

得不乎明日告夫子其告也夫誠有見乎丈人之為隱者也而乎曰固也隱者也惜吾不得親之爾何恝然去之耶夫斯世皆吾徒也豈容一人自為高蹈天下皆吾與也豈忍一人終乎獨往反見之使不容己也而不謂丈人者己早度其必來而不屑復見于是飄然長往

不知所之殆先至者而行矣若是者蓋甘心以隱者自居而亦遂矣（意到筆）向者止宿之事明示以隱遯者之所為固如是焉而拱立之敬反見之誠終不足以致其出耶噫是誠隱者也

孑然高寄幾于落葉滿空尚無處尋行跡矣　錢仁山

荊山云最易落傳奇體如此文乃可謂之大雅其聯絡處亦工于用法也○通篇挈隱者也一句虛實反正都有綱領

子路拱　顧

子路拱而立止子路宿　鍾惺

兩賢怨相為禮其故難言矣（作意）夫子路胡以拱之丈人胡以止宿而將知之難與人言也大抵從古來舉世皆庸人而異人最少（一語定全篇之案）庸人遇異人則覿面失之異人遇異人雖平日意趣之相越一時詞禮之相左其一往精神臭味投之速而合之微自有不能已不容言者皆子路從而幾遇荷蓧丈人問夫子丈人對答如是行徑如是子路曰此異（應）人也彼之責我拒我柔矣（先識开以重處先也）然求之今世能責我拒我者亦復幾人觀其言曰孰為夫子不以聖之故強附於相知之列（今日之強附相知者亦應愧矣）此其識有過人者夜剎輪蹄中未嘗見此人也於是拱而立焉一似子弟之侍父師者（摹寫有）

何其歛也在子路傲世之士宜不其然不知天下惟傲世之士其傲
○是○子○路○身○分○
吾也獨勇彼子路者勞勞道塗終日不見一丈人安得人人而揖揖
○黃○石○所○以○教○子○
乎丈人則曰此異人也彼之受我責受我拒至矣然求之今世能受
○房○也○
○令○昌○之○背○忘○師○
我責受我拒者亦漠然人觀其言曰子見夫子乎以其師之故下問
○篤○者○亦○應○悅○矣○
于不相知之人此其猶有過人者木石鹿豕中未嘗見此人也于是
止之宿焉一似故交之逢知己者何其愛也在丈人避世之士宜不
○是○丈○人○性○情○
其然不知天下惟避世之士其求友也獨切彼丈人者寂寂山中終
歲不見一子路安得人人而止宿乎故庸人之心目不置子路非隱
○應○
○真○賞○學○
者忽而屈指隱者丈人非避者忽而賞夫避者寄能轉念之人也置

故能轉也庸人之志氣不虛丈人于子路何如而得其拱立子路于丈人何如而得其止宿皆能降心之人也虛故能降也蓋丈人之爲隱者子路于荷蓧時已知之（更奇闢）不待行告之日也子路之明大義丈人（此是）於拱立前已知之不待反至之日也學者讀古人書見古人事不識（伯歆尚論古人一生得力處）異人于相對之微而屑屑然于形迹間求之不亦遠乎

粗淺平淡之題做出一篇理學文字眼界開濶胸懷洒落絕世奇觀學者作文不可以無識具此等識便可讀破萬卷書走盡天下路矣

子路拱而立止子路宿（論語）　鍾　惺

子路拱而立止子路宿　　鍾　惺

而資忽相為禮其故雖青矣夫子路胡以拱立丈人胡以止宿而資
知之難與人言也大抵從古來隱世皆有人而與人最少庸人遇異
人明觀而失之異人遇異人禪平日慧悟之相越（一層）一時詞禮之相左（又一層）
其一往（即景入微）精神臭味投之（上截）速而合之（下截）微則有不能已不容言者昔子路
從而後遇荷蓧丈人問夫子丈人對答如是行經如是子路曰此異
人（此人）也彼之責我拒我至矣然來之今世能責我拒我者亦與俱人觀
其言曰孰為夫子不以聖之故殲附于相知之列此其織有道人將
衣亂倫踏中未嘗見此人也于是拱而立焉一似子弟之侍父師者

明文得中集　鍾惺稿　聚奎堂選

何其微也在子路傲世之士寔不少然然天下惟傲世之士其服善不

也獨奇彼子路者昔昔遭遂參月不見一丈人安得人人而拱立乎

丈人則同此與人也彼之使我賓受我拒至矣然求之今世能受我

責受我拒者亦優為人觀其言曰子見夫子乎以其師之故下問于

不相知之人此其難者溺人者本石隱赤中未嘗見此人也于是止

之宿焉一似披皮之逢知己者何其愛也在丈人避世之士宜不其

然不知天下唯避世之士其求友也獨切彼丈人者蓑蓑山中終歲

不見一子路安得人人而北顧乎哉情人也必自不置了然非隱者（先生派是許人手）

忽而感于隱者丈人非特將怒而賞夫遊者皆能轉念之人也豈故

子路拱而立止子路宿（論語） 鍾惺

能將也肅之意氣不虛之人于子路何如而得其拱立子路于文
人何如而得其止宿並能齊心之人也處欲能齊也蓋丈人之爲隱
者子路正荷蓧將已知之不待行告之日也子路之明大義丈人于
拱立前已知之不待反至之日也學者讀古人書見古人事不識異
人手相對之微而質〻然于形迹間求之不亦遠乎
以此小言別有異趣去數語更遒簡求神
野知子路能拱立作如丈人能止宿可見率性偏執底人一轉關
便覺得着醒人的曉界○開如公言子路丈人俱覺得着醒人境
界有擬乎曰有觀下文夫子曰隱者也這便與子路拱立底境界

明文待　論語　子路拱　鍾

明大人得　論語　子路拱　鍾

暗合來手使子路反見之。這便是與丈人止宿底境界暗合。只應

夫子個處即合。所以從心不踰賢人要狠兇跌一番發動了主

休也。

子路拱而立 至則行矣

隱士可以無心遇不可以有心見也夫無意之餘丈人之接子路甚殷也及反見而丈人行矣此所以為隱者耕且從來石隱者流皆世之有心人因所激而遠焉者也故其蹤跡不欲與人近而情或不相遠焉其情雖不甚與人遠而迹終不可近焉若近若遠之間所以動聖賢之低徊者正不少矣如荷蓧之丈人所謂知有止而不知有行者也以子路對之固宜其不相入乃聽其詞則悲峻繹其旨則又甚異子路於此雖未能定其為何如人蓋已心竊異之矣因進而拱立焉舉率爾之意氣肅然改容彼以倨此以恭將因以覘丈人之所為

荷 斯 如 韓

快 一 筆

而丈人亦正不可測也顧而曰君且休矣夕陽在山倘能就我宿乎遂復舉所攜蓧荷之引子路歸茅屋數椽雞犬桑麻飽非風塵之色頃更為設食具雞黍惟謹因見其二子進退禮讓皆可觀顧不似從田間來也嚶乎萍蹤作合雖昧生平竟夕流連獨深款曲謂大人為有心乎抑無心乎謂為有心則邂逅窮途有寄循〻既不否同心亦何頌識而可止則止之木人猶人情而已非有他也謂為無心而鞅掌之蹟似不若止宿之逸跨策之盛似不若雞黍之安歷九州而相君似不若家人父子之樂夫人得毋有意耶而斯時子路不及察也懸晨光之熹微聞征夫于前路於是夫子得聞之慨然同是分急者

夫乃追思疇昔之夕其所周旋無一非隱者之言於是遂承夫子於反見之而丈人且避予不可覿矣總之避世之士類皆有過人之才識者也彼其悲天憫人未嘗不與聖賢同而一則進而為救世一則激而為逃名夫子以為世運雖衰但得躬耕獨善如丈人輩共起而圖之於時必有所濟而豈知銷聲匿影即拱立之情事觸目宛然而其人已往而不返識雖然子路不反見不見救世之功丈人不行亦不見逃名之真然則夫子使子路時固明知丈人之不可見而援引之苦衷識有所不自已也夫

煙雲萬疊儼王田家詩覺未盡其趣也　原評

不着不帖帖而肖之周旋則不似古之畫家雖未為神品亦是能

吳荆山真稿　論語

子路問事　欺也

[illegible]　葉觀國

典賢者論事君而先以勿欺探其本焉夫以子路而事君直無可議矣然未必其心之自信者果何如也子故先以勿欺戒之歟嘗論古大臣何所為格心之術亦先自治其心而已夫以愚賤之身而欲感動至尊以相與於一德之降苟非積誠有素條云臣心之已盡也蓋亦難矣不然忠信如子路使之左右乃辟真立朝大節必有彰之遠過於人豈復難於事君者夫以臣節之衰也嬌嬰之流上為軟美究之能逢一時之耳目而不能逃後世之譏評吾嘗之所深慕矣而抗直之士力持名義然或能本此心之正而未必

罷頌此心之安聖人猶有隱憂焉子路之所患固在此而不在彼
于所為因其問而端其本以告之曰勿欺也蓋古之大臣其平日
皆有勿欺其知之學焉兵刑錢穀之籌雖亦燮理之末務而其實
吳吳以烏文知之作吳對
俱為國是之所關使以謭學寡術之躬而又好創為高論始之不
甚求解於理繼且不甚求解於心當其一意孤行弗覺也其如清
夜之自勘何則其去於矯誣者有幾也而古之大臣其居恒皆有
勿欺其意之修焉路謀盡瘁之下雖為同朝所共聞而其言必本
以此以象所敢作鏤對
夙夜之誠求使無竭情盡慎之素而祗取辦於臨時其初不必違
鏡樂
本於心其終且不可通於理當大謨論往復弗察也其如遐思之

目對何則其愈于緣飾者何等也然則書思對命非爲繁重之文
仍須申說滴水滴凍
矣蓋利害之說臣子雖不敢言而是非理亂之源流所宜深識其
又一迸不了
徵也勿以氣矜驁之於學勿以才勝本之於識如是而臣心庶可
語以辭也乎之神
告無罪矣乎然則薰沐登朝非徒粉飾之儀矣益坦白之忱臣子
固不敢誣而感乎昭格之本原所宜重凜其幾也勿恃樸誠斯可
非諭勿憑戇直責慊獨知如是而臣志庶可明靡他矣乎由此而
與吾君相喻於道雖諫書可以無陳矣即不得已而至於犯亦豈
同於以口舌爭者哉
半籠全節劃清本題理必透宗言皆有物淵深渾穆不愧名程

近科房行書菁華　論語　下卅六　子路問事

金志達

爛熟宋五子及名臣言行錄諸書而出之以深細字字精當可箴可銘○殷會耆

子路問政　一節

乾隆壬子貴州　王金　元

與勇者言政而端其本於先勞焉夫政者正也子因問而以先勞告之夫亦曰以身教易從耳今夫端居而圖治術未有不急當務也學校者教化之原皇範端而萬物作覲農桑者衣食之藉民事親而庶績咸熙則當其二堂籌畫而聖賢經世服物之本誠不越乎身教之間吾黨有子路固政事之選也智能折獄既忠信而明決才堪治賦且有勇而知方然治有全量而上理難臻曰者以政問也意良深乎夫政亦本諸身而已盛王之出政也未觀人而先覘我勤宵旰於而宮而開物成務在在與開闢謀性命初不敢以

雙吟雙打

勤筆勢

二此身路起山嶽承蓋一切

新刊墨卷　論語　七三

怠荒是蔑致貽叢脞之慮蓋其惕厲者深也吾儒之論政也欲錫極必先建極嚴剋責於明旦而整躬率屬息息與上下計安全斷不敢以惟詡徒尚致等小補之為蓋其經營者遠也且夫立治之道合教養以兼備而道國之經聯君民為一体朝廷之舉動原與草野之身心相通尚非議道自已雖月吉懸書而民終不我應謂夫倡率之無本也予曰先之可使由而不使知民情大可見矣夫陶情淑性本屬斯民所自操而正非徒責之民也仁讓孝慈先之而興感有自詩書礼樂先之而观聽彌殷舉凡漸仁摩義皆本有而後求無而後非之意以相為責注上不自後而民誰敢後乎所

字○由○力○

以古王者人紀垂肇脩之文緝熙傳敬止之學則先之；道得也
億兆之託命原恃君上之締造相維苟非勤求民瘼雖開疆畫井
而民不享其利為夫設施之無具也子曰勞之上為感而下為應
民依重可念矣夫子詔舉趾本屬小民所易知而要非徒任之民
也省耕省斂勞之而補助有經興氓利甿勞之而溝洫有制舉凡
勞農劝相皆有所其無逸日昃不遑之隱以栩為始終上不自逸

○反○之○勞○字　○以○逸○字

而民誰敢逸乎所以古王者卑服而即田功播種而開王業則勞
之之道得也乃知君相者立法之人而正德厚生要必以淑身為
淑世之本朝廷者起化之地而明倫教稼尤必以正己為正人之

原子以先勞告子路加此而此外無可益矣不謂勇行者且更端以請也

拈此題者其病有六講下先將首句鋪排拋荒先勞二字竟似子路問政一句此一病也或將先勞字面借扣於本題實際毫無關會此二病也代夫子作感慨語以為不能行道借子路一問以抒懷抱將富教話頭敘述一番於題何涉此三病也先勞二字所包者廣只認作教養看通篇以此二字分柱者認題不真此四病也或就子路勇行着想痛為貶駁欲照下文失之愈遠此五病也先勞須貼定民之行事方能覩萊雨之字只就為

政身上說。未能深體註意。此六病也。此卷尚能切實發揮。局変春容。機神圓湛。次二藝銖兩悉稱。洵堪弁冕諸英。原評

文明以健。珪璋乃騁。粦乎采乏風骨。雄寓文圓者。若郊寒島瘦一流。又去之遠甚。何仲賢

子路問二　王

子路問政　一節　　王

政以身教為本先務其切務也蓋我則不先而民未我則不勞而民勞乎是望乎立政者其以身樹之的也可且夫退避自甘而苟又自溺其人情大抵皆然故于政所存惟是由禮萬物之隱以自致其所勸勵之功而化民成俗之原已畧矣蓋一籌之藏身不恕之弊可見提其求治之神以為天下倡焉鄧隆之治未有能易下之學則有子路政事才也負英果之姿則可建非常之業營所及不難先天下而植其規模挾奇之氣則可勝艱鉅之任而乎力所膺不難勞一身而出其幹濟然一旦問政而子且告之以

泉尚義

先之旁之旨何哉我觀窮蓍旨於麻識曆書未足以窺其術矣

太然古有明聖之君道洛流傳且相與欷歔感慨欲絕也盖

和之感人者遠矣乃或者不察顧謂民之向化可以洋冬迫之而

有餘大迫之亦誰其限我哉特所以怨者觸發屢須風俗之書而該

一筆妙

誰奪之肺腑蒂野日懷淫慝之志而情或無涅乎奠定耳且為

從○如果○想○終○情

者其亦知民之心固有大難相喻者在乎顓蒙幼于賤則從責

奇○雲○特○出○筆○妙○純○

之忒痛自忘其不肯而厚責人主以修能故日用飲食之經人皆

光○亭○從○反○面○

有所难諉而彼則何知直視為寖修之軌範而吾乃特從事治者

而蹤其後也世有留心治道者固當思所以究之矣

樂于蒞事之士也治忽之幾動關主德則與為後者衣之
吳相曰
奇
路之尊古有以一人而造數世之經綸者亦唯是屬意有家之修
奇警
與國之秉彝爭此徑途之未闢為己謝我觀里巷小民患情滋
神液東事絕世文
宦者見之士報其之功名然古有憂勤之心之生名卒且相與撫
服業勝後也蓋察勿之家喻古神矣遇或者不深省謂用民之
力可權勢驅之而有餘夫驅之亦誰其遇我哉特可悲者止恥
奇之佳白是古日奏議
于小貴之卑未嘗入問而觀其艱辛下終困于愁戚之身不
入明是而言其艱辛耳且為政者其亦知民之固有大難
赤以大上
若存乎端默感于中則必效之常 自扶其微而效臧深宮

流便故筮卦地營邑一舉義亦有所一辭而忽焉久觀則又炎第
之愚哀而恨不得向主治者而分其苦也也心治道者
以勞之矣勞之者止非好為多事之擾也然則之業半在
勤以奇功不可倖者庸禍更無可貪古有以一人而濟數世之
雖皆亦唯是策吾精能之意以與民之作苦同其味之親嘗
為己顧則由乎言之為政之道雖或未嘗于此而本此二者以
無窮則王者所為百年必世久道化成者未始不基于此
文止亦淡遠清微後來名筆未有能上歷者至湛然則幾人數
筆意逆開後來警練一路然氣體高寒亦

不可鑿辨之。勢子之為此。亦欲教人于熟書中自辟。

語句。固未暇細點也。自注

細微處得跳盪。驚險處得庸至。趙遠亭

湛持作氣裕雖高。然于註意全無體會。此則真如小子所云矣。

守朱子之說而能自立異者也。白星池

子路問

子路問政　無倦

李樂臺月課呈
小書院擬作　艾茂

先勞而政盡即以無倦盡之焉、蓋以倦求益豈其爲先勞之幾何矣、益以無倦、並在先勞之外乎、且君子誠欲有爲於天下則善始圖終一精神之所貫注也必躬必親力行而多言何事惟休惟恤化成以久道爲期有兩端可盡之規無一旦驟獲之效吾於子路之問政者得之焉夫子路勇者也且兼人之概方不難舉百端之集而立見之措施負米敢之姿竊恐其恃一鼓之氣而頓至於衰竭吾子早窺其息也所以告之者兩言而已曰先之勞之盡既以身爲民表則民之歸極者在所後而一之建極

者在所先失之後則置法以民者無其本閑於先所以成道自已
妙於反面作勢頓宕有抑
者有其具也無諸已而求諸人有諸已而非諸人有是理乎古
有身修道立而率之典常者則效之之道得也抑既以身為民
要言
牧則民之興事者不期勞而已之董事者不期逸不期勞而稼
穡之艱難良可念不期逸則宵旰之衣食不可寬也然一作者無
休於都邑而教道者高居乎法宮有作乎古有星言夙駕而
税于桑田者則勞之之道得也今夫慎厥初惟厥終者政之善
文氣息
無倦云云省說明於
經也靡不有初鮮克有終者政之通患也其事若多厭事則示
先輩勝時晉出思議英偉題盡
之易簡已隱寓以永圖善作者不必善成則庶亦窮行豈則鼓

其情氣機由也請而先勞之內無餘理也有出之益而先勞之
外無餘義也無已則無倦乎從來多久之見生於人心易為少
而不足為見為多而不勝為也夫五教三農數已極乎綱紀之
備政之以少為多者無過於此矣則無怠無荒熙乃心斯熙之
（此針對子路語無倦意）
續爾難易之幾爭於片念以為易而難輕忽於目前以為難而
易永垂於奕禩也夫八政九職業已極乎艱大之沒政之易
實難者無過於此矣則勿畏勿佚有盡事實無盡心爾為無一
（精[illegible]緊解題理醒[illegible]片）
日之可後而後謂之先無一日之可逸而後謂之勞故[illegible]乃
成君子所其無逸見謂已先也而已失之於後見謂　勞也而

已矣之於逸則准日其邁王道豈有近功然則功期大政貴有恆先勞之旨以無倦而益耶而子路之請益亦安可以勤厥後善政之成徵為民俗而見稱於夫子者其即此物此志矣

精理團結灝氣流轉其議論之宏闊處足徵經術湛深多業具見

淡蕩中猶深厚爾雅鍊題鑄局妙入無痕 小門生李延瑛

子路問政　全　　呂葆中　無黨

聖人與由者論政以身為始終而已夫先勞以倡政之始無倦以持其終然則政之要不外是子路其亦慎厥身哉世之君子喜立功名者所為遠猷大略將日出而求之天下而不知天下事皆自其身始也夫求之天下者以為是固有奇術也今日自其身始則固儒生之所常言不幾大失其意而沮其奮然之氣乎然則其不少嘗而輒棄者亦鮮矣若子路者政事固非其所難也乃似有不愜於心而問焉者何歟以為吾歲月讀法而固有勞民朝夕鳩功而邑多惰士豈不可解者也將何術而使其勞者良惰者勤乎子曰是特求於子之身

（掉未而起忽）

而已矣夫為政者置其身於父兄子弟之外而為之鞭笞焉為之驀

（先、勞、反、向、亦、大、有、作、用、在）

策馬驅天下使先而吾督其後任天下以勞而吾總其成不可謂非

策之至善者也然不若置其身於父兄子弟之中以是為率而天下

益以從以是為倡而天下益以勸則又何也蓋上者民所視也雖有

（直、通、九、恭）

至行上不作則下心疑吾未見夫下先而上處後者也且上又民之

所貴雖有大役而身親則民忘死吾未見夫主勞而民自逸者也是

古睦孝弟則入學而讓齒民多梗頑則閑閑而思過非無依違漸

（光、茲、告、入）

讓之文終不足以感天下之至意而皇自敬德當身為天下發其端

土膏不竭則曾孫自在田間有度不修則國君身衣大布兆無無循

彼盡淺匹文其之將
扶篤之言究不足以責天下之實效而率作興功當勉為天下嘗其
査然而子路聞之則已倦矣吾固知其必嘆然而請益也子曰至術
豫天下神傷
至之盡於是矣吾何以益之哉無已則有一焉凡號於作務者必急
於亂功所患事不始而先期其績不幸而不効則嗒然沮矣於是乎
倦字有此二意苟離無此
游移之慈秉吾氣之衰而入焉此治術所以有中更之慮也善為政
者堅持其說則雖先之上而民未俞勞於前而下同報而舉不足以
烈吾素定之志故能卒知其夙計而不悠抑喜於圖功者又難於持
滿所患治垂善而物敗其成不幸而驟効則又侈然喜矣於是乎色
肆之志秉吾氣之盈而又間焉此功敗所以有勿懷之歲也善為政

者敬修其術則雖未之先而民已嚮風少加勞而羣為趨事而亦不足以動吾貞固之心故能善保其成功而不墮然則吾何以益之哉亦益之以無倦而已自子路言之將求之天下故言猶未畢而即有更端自夫子言之惟求之於吾身故道在力行而終無二術為政者其念之哉

聖賢實心實、、與後世虛文故事往往本異而末同得此文洗發一番自覺精彩百倍總與捃摭紙上陳言者有霄壤之異耳

子路問

子路問政 全章 吳晟

身其政而以之爲操于一人之心蓋身者政之所由出也而實成
于其心先勞期于無倦政如是善哉今以一人命一世之治必攝
衆力而永待之士豈爭于數與決哉先天下以承之憂而身肩其大
後天下以歷其艱而心惕于艱以之爲治漸不踰此如子與由之論
政是已思天子之才尚英敏而非沉幾遠慮無以學民也故世當
其闕苟必以剗苦躬修繼前代之烈帝王之謨期于遠大而或盈心
滿志所深戒也故道存于積者必亦延餘慶養全燕貽之謨于曰
先之勞之造天下之大業者不視乎業之既效而視乎開業者之志
先之者志開之志有所必至雖委折而中赴志有所未至雖躊躇
而无勞書隷作 下論

而必綏紋風火散皇卿萬機且燒而要有后時失事之慮齊天下之

何等沉摯

大功者不存乎功之既成而存乎舉功者之氣勞之者氣聚之也氣

有所以動離逸豫而中堅氣有所不動離況痹不內息故淵微自惕

即一節未衆而時有天工叢脞之憂若燕而政得之矣乃由猶欲

眼意氣飲二比

有所益焉豈非計及乎久也哉乎曰無倦：生乎急也在生乎銳其

立志之功未深：深乎立志者居之敬不敢玩焉存之靜不敢豫焉

方是無倦

容之遠不詳焉是以豈功偉伐後人得而名之而一人未嘗有豫

己[illegible][illegible]乎盡也尤欣乎紛其治氣之學未嚴耳嚴乎治氣者法乎繼

毋使怠焉養乎漫毋使倏焉底乎成毋使渝焉是以肇勳創績當世

得而見之而一人未嘗有治形此倦之所宜慮而無倦之所必慎也

莫作聚愚貴作聚賤不立而化日神矣欲政靜無動故常心存而道可幾也夫勞之外政尚有餘蘊哉

前之采集所言皆治忽之幾而鍊意造句如箴如銘想其運鑪錘筆力破俗也 健菴

子路問政

吳

子路問政子曰先之勞之

沈存騰

聖人本身以言政先與勞其當務矣夫政以身行而先之勞之則盡乎政之實矣由也務此庶其知所本哉且圖治者必熟察民情之所向而出一身以為之正則政名焉是政也者弛而張之惟有其具文也即吾身所到之處〻天下所到之處而形骸之獨任每挾俗理以俱來斯上與下默相貫于夙夜之神而正德厚生均非以無本之治〻矣何則閭閻之懸書具在乃以動其心之夫婦而不耿其靈是知倫物之交責以類之可從而民德書以機獨任而民不聽也則大觀在陛誰容藉虛名以樹〻國門之

鼓以驚乃以諂食力之編氓而亦收其應是知鞠也分所
任以勵之而民勸專所任以策之而民不勸也則明作有功
恃成規以誇革戒微于路蚓于周駿然於民行之由興民也
奉也今夫訣可為之稽者要恒阻于有所待我執夫相待之意而
換筆直老風若而不
染
人之群待於我者又輾轉而不克副則方欲其氣之自彼而迎
己擾發其機之自我而距負果行之畧者理恒若于有所殉我摟
其能殉之權而人之不敢殉於我者偏逡巡而不能自振則既共
匿于其情之適而旋相讓於其境之孤審是而政何以行哉一則
更倒逆
曰先之一則曰勞之而已思聖作物覩之幾則萬理萬情育恐其

後而成象而厥修未肇天子亦曰曠官非自儁也羣生未兆之端悉恃吾身為疾徐之數而赴之稍緩已不足引伸其緒而暢以天鍼心織詳象觀宮所謂衆竅機惟有以先之而經分綸合黙綴其表以為符則範立于獨造之儀而理決于共由之路凡畏神而服教者乃冀日用飲食我自置為後圖也而刻勵之堂廉早不竟導乎先路矣一念天工人代之義則羣策羣力僅輔乎下以奏功而自靖不違君子獨曰作所非過啟家而出瘁也萬物自謀之務實與吾身有痛癢之關而持之少跌即無以屢省其成而彌其隱滅惟有以勞之而憲始圖終顧諟其才以程則社獨周于作息之苦而情其冷暖胼胝之甘凡洊至而褒勤

書經初刊　論語

先知稼穡艱勤我自習于乃逸也而憂危之宵旰苦之時急于作勞矣是則抑其志以與民懇而庇有帝錫之嘻歎曰予聖對首

衰降失處裕逸威

星言之駕當謂予專釋踐乎矜而大化之行不嚴而治一鼓其氣以為民率而施予殊教與細行之必矜即薦康功歷一夫之不獲朝考夕省而何有之任無刻可寬由此集此以行尚何益之可請哉

文無濃淡要于氣質得濟此乃可謂巖巖秀峙矣彼夫華葺辭繡以誇觀美者吾直欲以巾幗遺之

子路問　沈

子路問政　聖

子路問政　全　其二　　周鍾

聖人以躬行論政，而尤慎之于心也。蓋先勞以身率之，無倦以心持之。
政其有成乎？嘗讀古今無不變之治法，而帝王而不易之治本焉。以
人之精神與天下相終始，通歸于自强；功純于無息，推時措，既為學之要，
即以論治不越此矣。子路問政，其銳然有經世之志乎！夫子則舉治天
下之事以告之，曰為政無他，務在躬率勞而已。化行自上，則作之無不
振之猷，罔之無不成矣。統之階也。以身先之，與羣工鼓其志氣，
逸者怠之萌也。以身勞，姓謀其疾苦，敷化始于朝廷，憂勤等于
宵旰，而民行以興生。由此襄太平而膺績咸熙，洵此弭禍亂而

有度畢業是則以一身躋天下之始而氣量廣博恒居兆民之上帝之
簣憲於成王之明作持夫其道悉于茲盡之矣敢寧有加哉夫先勞之
事有盡而先之勞之所以運量其間者終身惕厲而靡有竟也子路請
（此數語氣局更）
益其皇然有憂盛之思乎夫子曰樂治天下之心以進之曰先勞無可
益慎終如初而已然能思危則發之而有可居之功次之而無易衰之
患好銳于先而數于後也時時無懈與百官勵其精明毋勞亦創而怠
乎守成事之責哉為羣黎恤其危則虞廟堂而應周窮恨當泰寧有憂
深未雨豐亨不敢恃臧諭不敢肅由斯典禮樂而俗返于雍和由斯厚
風俗而世濟于仁壽是則以一心持天下之終而志意深謹恒居兆民

天下帝之脩身思永王之歌德祈天永道懋于茲備之矣政寧有他焉
愛、恭、精、鋭〇無斁〇
蓋惟敏惟斷凡以集事一人咨儆而海內咸有震動恪共之象建極所
以宜民無荒無怠乃能綏成君德清明而眾庶共享和平安靜之福下
道所為慎獨誠安邦經世之大訓所謂帝王之治本于帝王之學者也

士今論政莫能加范木下此矣
其氣則博大雍容其詞則千鎚百鍊較之前作茲為獨勝惜亦缺身
心分柱〇錢青[illegible]

子路問其二

子路問政　三句　袁大受

然能先勞於其盡者之與為其盡而已夫政宜先其不先之時政其先不勞之時而政全矣蓋之者以此且帝王其萬世之運而有萬世之心此之日与天爭數与人爭事与已爭命而享餘福者如有功如无功其心无窮矣蓋古今也此時我一得而后人其時古今止此事哉一任而後人其事至于始而振振而衰再而竭乃曰俟我后人為之即奈何英雄之倦為凡夫同盡也孔子論問政而子告之以先勞益之以无倦蓋治天下之大法本乎身治一身之大法本乎心而政其餘事言政其餘義焉身開國氣驕叱咤慶同百執之所不及故人主得以御之利之中有害之忽有利況法擬未朕之則天下望若神奇

辛卯斷流　下論

而心其識之所必一日不能然日以功名而自置其身于宗祖聖起殷
安貞任將康司百執之所先与故人主奠德分之幸春秋之方富戒甚
期以殫勤經營持必殫之力矣安逸勳名而心其氣之所非一人不
餘後人以櫛沐而自出其身於風雨故有滔入即有滔日欲定未定之
候數聖人遞此等功有勝志即有勝氣幾進幾退之中數庸人至此
俱見也而嗟應者功成而高清淨在神明之表嘗損而損之氣已開
憂甚也
一際世治而修拜歎似明良之時矣弊而弊之事已具
衰俱在乎之文故先勞之疑必筆倦也一事之起利与弊定爭其
始爭者不救則天下更先可救之日吾功之出説与詛俱持其半始
而不移則天下之年能終之之識于盛而衰而反者天道之變成

一事焉以則息者人事之常從之而入繼先勞而起也非意也孰

無可益而益之以心志事將終母曰吾孫子艱難嘗告毋曰已治

一此曰有懷頃上萬年之祝勤矣可益而益之以敬宮寢之地毋為奸

所伺求為君所以成功不居須知今日之心此先勞而益之

以多倦賢者也疑其易聖人不告以難也

壘石雖消鏤繡成章識其淵塞李文定奏疏何以踰此

不雅

子路問政　全

江西　柴淹

為政本于身有克永其先勞者焉蓋政之本在先勞而無倦之心正
所以永此先勞也政于子路誠益而告之且為政者撫萬民而出
治其氣量常乎天下而神明實貫于吾身要必有其競業之至意
與斯世相終始者也蓋明作不居庶績之凝而憂勤實統萬化之原
帝王立政之永爾見乎聖賢求進無已之心焉昔子路問政夫政固
施之于民而實本之于身以貞端無間者也端風俗于朝廷君師所
統乃能淑世世之責者必創前民之烈而志氣深戒其因循數政
興于邦國民物所以待成乃懋庶績之效者必垂經遠之模而通法
要期乎久大政在先之勞之而已先勞之外無可益也子路請益而

幸以無倦則亦惟守此先勞焉已矣國家府事之敘無一不本于清躬使賢首出之望而不于斯世以経綸之實則一念之宴安即以啓逸豫之漸亦何取乎唯休唯恤之心矣惟是播教化而首肩宮庭之親

（勞內反有言倦意在一直說下正合題理）

拮据而謀其家室有以兼舉為天下端其本原而又功利之心不足以閒之凜凜乎性情之內常若有撿身不及之思焉慎終如始王道所以有成也朝廷敷錫之功無一敢怠乎愚賤尚慶人主之尊而徒諉百姓以根茨之事則萬載之叢脞遠足為氣運之憂亦何以為卜年卜世之圖矣惟是崇禮義之端朝廟躬勸課而重夫畊桑庶務畢修為斯世開其樂利而又紛更之弊不足以中之兢兢乎防微之地常若有持盈若失之心焉以道化成聖治所以無斁也然則有率

作興事之謀者每中于畏難疑阻之心其始非無可見之功而其後將有難諉之實是先勞之至于倦也相因也偶見之智名勇功不足以久又共濟之業諉之也久者自不以難成之事留之後世然則有克艱無逸之志者必同乎天時人事之故一日可以見有為之功而終身不足盡所為之事是先勞而欲至于倦有不得也一代之豐功大業有必垂而弘百世之休而不居其逸者自基子孫之業而必計其為政如是成矣

三題作八股總發包舉甚有力量而上下兩節神情清徹絕無一字蒙混全無一筆駢纏珠聯璧合之中有分肌析理之妙是題佳墨林立吾儕以此篇與直豎而崩者為冠闈傑構

子路問政　全章　賈兆鳳

為政當知其難始終于君身而已夫君身者立政之本也先勞以始之無倦以終之政如是難甚矣由奈何易視之哉且夫人王之一身天地之經所恃以立也萬民之命所恃以生也兢兢乎其難之哉知其難而不可安于無為知其難而又不可輕于有為夫我所當為者知而不為既不能責人之共為及為之而未竟所為遂自以為無不為而其事終于不能為而已矣子路問政而子告之曰政在君身而已氣運者精神之所造也一人之憂勤逸樂常與国計有相為虛實之機宫庭者瞻聽之所趨也萬方之風俗人情每與主德有相為轉移

之勢是故禮義者生人之大閑而民有行民自踐之者此非法令所
能驅亦非劝諭所能曉也聖王之政恆如父兄師保之相率而一言
豪年語
一行皆本之清躬所自為欲民尊親則先父天而母地欲民禮讓則
先耆者而序賢彼民也見夫天子之權勢可以無所不行而乃躬自
偶慕如此其尚敢緩須臾也則先之尚哉衣食者生人之大命而民
有事民自急之者此非有司所能劝亦非長老所能督也聖王之政
恆如遺大投艱之當前而一耕一織皆本諸宵旦之經營保介有警
也子清方之仍以先以罪別也方
而後勞于耕籍祈年臘膢有饑而復勞于春巡秋省彼民也見天子
事行德學
之富貴可以無所不有而乃重自勤苦如此其尚敢畏艰难也則勞

之為哉夫如是則為君者無逸作所為臣者密勿從事早夜濟儔以
畫丘道之成雖無得之俗何不過焉由之請益夫亦剛勇之志果鋭
之才視天下事皆無足為我難而未知先勞之究竟何知也子曰夫
傾蓋哉惟無倦而已為政之獘莫大于求之太急明明未盡之緒而
曰如是足以為先矣如是足以為勞矣于是小人以苟且之說進而
文貞出必視于[illegible]
志阻于半途行憊于末路則遇鋭者即倦之所由生也惟法天行之
不息而復以從容出之祖宗之良法可俟諸子孫而當其時固不必
復復焉則旋之有本末行之有次序而悠遠之氣象不在近功矣為
政之獘莫大乎持久不堅明明久太之業而同是不足以先也是不

足以勞也乎是小人以紛更之說進而恣從乎富強治間乎功利則(此弁于路明照)振羅昔久倦之所由伏也惟特地道之有終而久以專一持之一日之美意可天諸百年而功既成仍守之斯斯焉則已治益求治已安益求安而強固之神明貞乎無間矣蓋政惟敏乃成固貴以一人倡萬物而致惟恒斯舉豈可以後事效前功由何不實体之乎

閎中肆外光怪陸離良由涵浸載籍而含咀其英華故其發而見諸文者如此

子路問　貢

子路問政　全章

江蘇鄭宗師月課
常州府學一名　張廷樾

政盡於先勞要諸久而無餘矣夫曰先勞而無倦之理已畢具其中矣子路有見必之心夫子故即於先勞內益之乎且政在天下宰之以身寔攝之以心是故勸教弟安以一身而一九州之風（把握全要體力絶）氣成速恒久亦一心而周百世之弘謨古聖王所以整躬率物而戒休勸歌者其大指不外乎此苟疑其規模未廣而措之易（虛籠罩二比詞意）竟也則亦未嘗於終以推其不敝之精神耳何則國家黨庠術序（點題）之規制一整飭可以觀成惟此一人之議道自己者四方舉爲楷模子孫亦垂爲儀式王者臣工保介之咨儆一渙號而遂已無

論語

精金百鍊

餘惟與一人之所其洪逸者日是而不敢康竟期而不可息是以子路問政而夫子以政之可久者告之一則曰先非徒脩訓戒之虛文也夫鼓於仙之鐘而擊大昕之鼓天下亦有聞而知勵者而

巷存經術之言

觀摩不存焉古帝王狹敬厥德而祀明堂以教孝食老更之教弟

原批：先之句切實

凡夫學士之操以一一悉勉於屋漏之中而樹以風聲則先之之道得也一則曰勞非徒舉勸勉之故事也夫野虞而行田原司徒而脩縣鄙天下亦有因而知似苟而董勸不屬焉古帝王率作興

原批：勞之句切實

事而耕耤籍于元日祈天宗子年凡夫草野之疾苦時時淬礪於法宮之上而知其艱難則勞之之道得也為先為勞以與民行

而孝秀來以振民事而克敛奏事固不同于迂遠也然功敍之餘
計其勿壞屢省之下屢其雖紛紛豈奏於旦夕耶何猶乎由之請
然○論○極○挽○拔○充○切○子○路○
蓋也夫子固已知其有倦心已夫天下作輟之端不盡關於力竭
甫先勞方迫欲自見則當其才智奮迅之餘倦氣已隨矜躁之情
氣○旺○神○足○米○大○乘○法○界○
而伏伏故貴凛凛也不以教化供其粉飾不以勸課佐其具文
總持吾心之震動於恭者以訓致於俗易風移而先勞始可能永
耳天下稍懈之形不盡緣于叢脞已先勞而視若無加即當其風
流令行之下倦心已與滿假之意而俱來故貴慎厥終也勿以民
甚○奇○能○充○連○翠○獻
醇龐吾學問勿以民勸貸吾愛勞揔挾此心之强固精明者以力

持於百年必世而先勞始為可貞耳則亦曰無倦已耳而豈必益
於先勞久久此政貴有恒祗此先勞中有以鼓其氣而勵其精則措
之即為井田學校之弘規化期久道第於先勞中有以圖其終而
思其復則精之即為敬天勤民之聖學由也可無存見少之心矣

高華典核出語名貴　原評

前用掀冒後用提收中間四比各還寔義建翠華兮萋萋鳴玉
鸞之啾啾其規模氣象真足壓倒一時

子路問　張

子路問政　全章　張懋能

政本乎君身要諸久而治全矣蓋君身為立政之本先勞所以為要也進以無倦寧有益于先勞之外哉且王者之治天下其量固無乎不舉也而所以倡其始而勵其終者要不外一身而圖之以一身為萬物共仰之身則不可不以精勤作天下之倡也以一身為萬世永賴之身則不可不以久道要大化之成也治立于有原功期于不息而王道已不虞其未備昔子路問政將謂政徒求之于民歟子曰政莫要于端本也則先之勞之尚矣一代之人心風土其振與視乎主極而刑名督責之施無以作天下苟安之氣何者苟且之心天下固

有以儀其躁也且夫天下事我不欲先而責民之先我不欲勞而責

民之勞此必不可行之勢也古之聖王于民行未興民事未舉之先

凡所爲納諸膠庠援以井牧之事無不次第舉行而猶必皇皇焉以

時起一層

天子以貴致謹于癸常王食之尊身肯乎勤苦豈好爲爭先而處勞

又進一層

歲凡以人主居萬民之上觀風問俗居其後而側身勵行以爲教孝

義所以先勞之義二層

教忠之本者不可不開其先也衣袓食稅享其逸而巡行勸課以盡

者耕斂之責者不可不任其勞也所以當日者宮庭自爲其學問

又爲一層

而比戶皆有可封之俗廟堂自勤其宵旰而草野無復惲人之衷豈

非此端本之道得也哉政若是足矣而子路復請益焉將謂政不徒

求之身歟子曰政莫難于持久也則無倦焉可耳萬邦之禮樂農桑其規成在于悠久而銳然一往之志適以滋斯世紛更之漸何者志氣之衰天下固有以危其繼也且夫天下事我倦于先而欲民不倦于後我倦于勞而欲民不勉于逸此又必不得之勢也古之聖王于民行既興民事既舉之後凡所為董以師儒咨而保介之典莫不奉行如故而猶必凜凜焉以永命之圖必振興于末路卸除之理必休惕于無疆豈過為憂深而計遠哉凡以人主任萬民之責民頑可虞民醇亦可慮則所以先之者無念而可或息也民情可歛民勤亦可懈則所以勞之者無時而可或斷也所以當日者翟磨在一時應數

千傳而流風未墜考徵在一日傳千百年而遺澤不衰豈非此持
之道得也哉蓋先勞所以倡其始而無倦所以厚其終此純王之政
不外一身而圖之也又多乎哉
滔滔汩汩行乎自然直堪與震川昆湖爭勝餘子碌碌不足當其
碩聆劉大山
天風浪浪海山蒼蒼有大氣以舉之而其中分貼先勞又遂字耐
檢點劉平方之震川昆湖有以也方城云此謂眼底無餘子胸中
有百川

子路問　張

子路問政　勞之　劉秉鈞

政本諸身告以先勞而王道備矣夫政惟本身以治民而已因子路之問政而告以先勞王道豈外是哉嘗思儒者出身加民其所以補移風俗者非徒于愚賤求之也王位在德元而民乃相率而從其後君子可無逸而民亦相勸而勵于勤善所為端本善則以天下倡者此道得焉耳慨自春秋以來道德流為法術概不免輕禮讓而急功名金玉貴于桑麻又不免荒田功而休蠶織子路殆有感于此而問政焉以探王道之全也子曰為治不在多言以行與事示之而已矣洪範為千古立政之原而準乃有極其位列

九疇之中蓋政貴有以先之也夫一則曰遵王之道再則曰遵王之路不過言庶民之切于近光而所以先之者不聞焉不知作肅（段間生新）作乂作哲作謀小民之視聽貌言皆大君之恭睿明聰有以樹之則順五行而敬五事九疇所以貫于皇極也彼沉潛剛克高明柔克何莫非先之之中所不敢忽乎哉大雅陳一朝敷政之美而農事開基其旨寓豳風之什蓋政貴有以勞之也夫三之日于耜四之日舉趾不過言豳民之勤于稼穡而所以勞之者未及焉不知廼疆廼理廼宣廼畝田間之秬秠穈芑皆君公之鞞琫容刀有以定其經陟彼巘而降在原大雅所以通乎豳風也彼臣工之咨曰

晙之嗟何莫非勞之中所當兼及者哉明倫教稼勸課咸有常經而上勿躬親下誰則倣也夫懋昭于民而深宮乃修心性補助行于野而王業不忘艱難由也負果敢之質以暢厲于孝弟力田之治庶精神奮而其氣不肅而成正德厚生府事垂為良法而君曰明作民乃率從也夫不孝不睦有刑而皇惟疾敬德不毛不有罰而後愈念克艱由也擅明決之才以振興于田疇孝弟之中斯綱領挈而其道反身而具先之勞之子之所以告子路者已括王道之備矣奈之何復請益也哉

樹義新警由讀書有得而出文之經籍光華尤異澤之雅

两之字着眼在為政身上文絶去鋪排之迹用經不為經用於
先勞具見熨貼斯為經術湛深 蘊山

子路問政　劉

党正書法行道藝族師書孝弟睦婣閭胥書敬敏任恤
州長一歲屢讀法党正一歲四讀法族師一歲十四讀法
岐傒以周興王業之攸始豈不名宗督臣節之克終
代容為王功之始代崇為王功之終

子路問政　全章　　江南　劉愈

以先勞言政，貞其心于可久焉。夫政莫大于先勞，而先勞之外則無政也。此子路請益而子遂以無倦告之歟。且古今之治術多端，必有綸而可守者，惟此身心之交盡，自湯于競業之中而已。蓋一日之明作為天下開卅始，而百年之停大與天下慎其終。此帝王為治之事皆本聖賢為學之事，作之而政乃規于無已。昔子路之在聖門，不患無治政之才，而患不能圖其政于始，與貞其政于心也。一旦問政夫子，知政不易為而欲得其從政之方也乎。子曰：政以興民行也。草野不能自成其風俗，必相觀摩于主極，驅之于淺，下息之危，荒萬殺之叢脞所由生也。倡之于先，一時之率作，數世之忠厚所由開也。雖立

子路齊此二語，夫子對針處

綱陳紀次第施行政亦有先後相維者然教民之政或有時而不先致政之身則無時而不先也為政者尚其先之政以勤民事也閭閻不能自謀其榦止必待經畫于朝廷相督于後一朝之富安百姓之怨咨所由起也而于勞一事之最危機兆之豐歉禍福也雖盬飲蠻優游而理政也有勞逸相濟者然養民之政或有時而不急歸政之身則無時而不勞也為政者尚其勞之政如是亦足以有成矣子路則進而請益焉不知為政而有可益者因時酌宜外見之功名未始異其致也為以無可益者慎始圖終內存之競惕未能異其心也失望治太奢又有喜為紛更之漸然變法破紛生于滋任人而數生于人是先勞在一二人者易在數十數者難也故大

喜功乃藥夫所樂爲而堅主所至亦惟慎修而持以悠永則無逸作所久道乃底于化成而正德厚生之外別無奇獻且求治太急必有所後制之意然數世之費于一旦久大之功隳于急成是先勞之兆于數十年之後即成于一二日之初也故變道易治乃新進所常喜而若康而深憂惟九業而持以小小則慎乃新圖氣量常用于畢世而明倫敘穆之餘別無鋪續乎曰無倦蓋有加于先勞之外哉是知有為者大其功有守者永其業合之皆見王道之醇全則彌彰于事無息其歷于衰統之悉本聖功之潤澤由亦可以知所從政矣

包絡古今洞悉利弊彷彿如崇政殿中天章閣上經濟名臣奏對

下論

飛龍在天題 下論 十四[illegible]

之語而波瀾壯闊氣局老成宣公之粹美長公之浩瀚殆兼擅其勝耶

子路 刘僉

子路問政　全章　湖廣錢　選

政有本於身者，持之以可久之心而已。甚矣，先勞之外無所為政也。

蓋以無倦子之就由之請益之也，而究何容益哉。嘗謂善為政者，

一　徒　撥　的

不可有一日不盡之身，尤不可有一日易盡之心。心心以持身，而政乃

必焉。蓋以必為者予身以有為，即以不盡者予心以有永。維進而求

群要，無以易其說也。然及則所以端治本者，已攬其全角，子路之在

全　束　已　緊

聖門，固所稱從政才也。果敢足以圖功，而志量未必其能久；勇行之

之，而治而德性未必其能貞。一旦以政問，其有以身為政之思乎？子

政以興民行也。顧民行之興，惟愚見淺，惟智見先。所以草野名有

顏　洪　絶　淪

秉彝有時以自具之忠孝，竟不知為朝廷之順應，則以感發其天良

下論

皆不早也為政者必務以身先之先之而起化有原一自躬行以道

乘凡之愛自親立敬自長間不與斯民相覩於庠廸覺三物六行　不入鼓篋書習

重以司徒之誥誠猶其後焉者也政以成民事也顧民事之成准膺　錦衣入情

任逸推堅任勞行之小民各念身家有時以自力之畊鑿或反託為

君上之勤劬則以激勵其志氣者未至也為政者必務以身勞之勞　發揮切要

之而振厲有加不憚躬親而為之率凡宵衣而理旰食而求罔不與

斯民相深下批舞覺閭俗省方重以王人之勤勉猶其逸焉者爰是　請益無同父王錯出

則一言先勞而政已無餘事矣而何必請益何必請益哉然益之無可益者政

已裕于先勞之中又何必不請益哉即益之有可益者政亦豈加

于先勞之外而于則有以示之矣以為明作非不可以有功在先去

其所恃小喜自足吾知一日之奮迅即有不克終朝之虞故以才氣為之而易匱者以德量涵之而自優所以先之而常見其先勞之而身亦有勞先勞之事有時可以先勞之心無時可已也政之無已于其心而已矣又何多焉勵精非不可与我化在先去其所矜好大為功吾知一念之銳阻即伏于銳氣方新之日故以少年躁進之而不足者以老成持重之而有餘所以先之并不自見其先勞之并不自見其勞先勞之力昕或有間先勞之心究無可間也政之無間于其已而又何求焉子曰無倦哉欲以兌予者告由以有為即以不者勉由以有永也然是知先勞以勵其始政之所以可大而至治以與無倦以要其終政之卒底于成而王道可久子路可以從政矣

飛鴻樓墨選　下論

經濟題目。廓落語紛繁極工。祇增人厭。是墨不染塵言詮。先勞二。宇確有真實境界。無肯綮針勇者。有爲不能持久。即古今利病么。槖括于筆下矣。文心清曠。凝注天空海濶之間。

于各箋

明清科考墨卷集

子路問政　一章　　十六名　顧縉

聖人以先勞策賢者惟要諸久而已甚矣政盡于先勞而先勞之事未易盡也予此而猶請益則倦心起矣故子為由戒之且敷治者法制治者心垂其法于孝弟力田之大必先貞其心于宵衣旰食之神聖天子經理天下讓道自已萬姓咸被久安長治之化一人初無好大喜功之表所其無逸惟懷永圖夫是以久于其道而王化成也說在子路之問政夫政豈在多求哉亦惟可久可大本諸身焉已矣呈極一書上承帝眷將與天地相終始則必本不息之續以持之扶敘敎而警惕丹屏未貂[illegible]勵咨勤紺御知無荒無

一氣卷舒大含細入

氣象惟肅

直省鄉墨[illegible]　廿五

怠震躬胥勵教養之經明堂一位下闔[illegible]圖將為蒼生謀日用則
必思百年之治以貞之孝養修而經執豐序先疇服而圖繪豳風
知作師作君聖治不特懸舊之令先之勞之政之為政豈外是哉
抒寫一段義蘊畢宣
粤稽古昔三雍選髦先民而親于學一撥躬耕勞農而勸夫衆君
公之寢膳一草野之庭闈也朝宁之倦勤一群黎之祚覲也天子
率作興事而問闔子弟相與尊君親上樂事赴功益其教不越倫
祀而其為政則百世莫移其事不過農祭而其為政則畢生莫普
由[illegible]有見必之意而為是請益哉夫子曰由始將倦矣正德厚生
之作祀虞書也補苴不事張皇亦不事無他倦氣乘之則萬幾適

子路問政　全章　顧洪善

政有本於躬者、惟歷久而乃成也、〻本身以出政、則先勞之外無他
政〻可以益之、惟無倦爲難乎、且夫天下之望治甚亟也、圖治者有以
勤之于一日、即忽有以負之千百年、何道之從、欲舉下之所欲及者
而次身及之、斯〻無弗及矣、舉上之所未易及者、而以心及之、斯上
亦無不及矣、說在予之問政也、夫政是在〻願出政者何如耳、先王
慮民之不可無教也、于是有師儒董正之事、爲慮民之不可無養也
[illegible]
于[illegible]田畯勸相之事焉、後世之[illegible]之[illegible]宜[illegible]誨以遙綵〻向化矣、卒
[illegible]
之仁義氣息、而井里蕭然、無他綫知所以爲政之具、而不知所以出
政之原也、且夫上之所令出乎此、而上之所行不出乎此、則下往〻

[illegible]下論

忘其所行之實而究其所令之名洵乎表率之道在上不在下也是
不可無以先之生民之大事在學校而學校之所重惟孝弟古者執
酬矣言必躬行盛事以端其作洵爲言先也又不可無以勞之生民
之大計在衣食而衣食之所出惟農桑古者零雨命倌必托諸咏歌
以爲其既瘁蓋言勞也故如是庶矣雖然人之奮然有所爲也爲焉
稚思折衷不揣于流不說繞道益
而也乎抑有所總之者乎我爲之而輒以則志闕于小喜也我爲
乎晏患有
之而不欲則棄於中沮也夫豈無明作之才而奈何廢弛至此則
繇之故也且浮議或撓乎一人則積數十年之力俱廢也驕氣易
發于要旅則聚千萬人之公亦解也夫豈無君相之權而未嘗得行
一事則雖能總而不能久之故也寔由之請益而予之益之以無倦哉

爲民之務惟其氣易以舉之彼豈有恩于力田興行歟自上之人鮮
見有謙遜發然逸也惟以帝王爲之可學而厚生正德極事之甚難
以後之世皆其氣爲之於今頹氣之不衰而已矣必世之效惟其
志定以成之人豈終然于大業鮮能歟自上之人慎終如始幾至然
變也惟以風俗之必可成而生聚教訓雖遲之又久而終不易其
志爲之也吾甚願志常貞而已矣而豈有加于先勞之外也耶不
然者乎日無偏倖漸摩之功一旦求務本興仁之效及期之不效遂
謂之迫之不可行也噫曷亦返于出政之原乎
不爲藤蔓不作鉤棘然其漸漬于古而與之俱化足使大雅扶輪
小山承蓋者矣　健菴

子路宿於石門晨門曰　辛未　吳鳩

誌賢者之宿以閑吏之旋有辭也夫宿何以書以晨門重故書也

石門而來子路彼其人能漫然乎且從來羈旅之情其不掛幽人

之齒頰也久矣況以高賢而適下邑得一過而問者已往難之

不謂偶爾相遭行者止以自寄其踪止者忽若相通於意而一時

旅況怱然動焉則夫永久有遐心轉牢爾音之不闊也粤邇諸邦

直樸驟然似不露聲老臨

歷聘以來群弟子亦席不暇煖而所過通都大邑時時有隱君子

風怡然自洛

出其間是故耕夫同調留隱飄於知津野老延賓發微詞於荷蓧

此獨自晨門發端寫照處

以子路而追感昔遊竊怪天下多有心人而曾不樂以片言相及

為可悲也石門一宿寧復計此中之大有入哉入彊無三載之淹（繫照下戀都起）

（宿字無一語鮮善）車馬頓仍誰於身世間遽思息迹而傾我僕夫卿以儕乎逆旅則

重關之下自寫飄逝環轍動四方之駕道途勞攘晦於淵藥肉則

想應言而修茲別館差以息夫宵征則一夕之留還尋孤賞斯時

也行雖欲駐撫景蕭然問夜如何詰朝將發國鮮授餐之雅門無

擁篲之迎誰為門焉者而今名賢欝欝此土哉而不知其人之陰（寄者欲出）

識之也固已久矣蓋在石門地遠當夫冠蓋之衝而古道征車爰

有傳驂之所則當此遽然相值良不必假旅人之消息通聲欬於（問收廣而求音）

閽齊乃在子路跡自等諸部蹤之介而高冠長佩儼來望氣之驚

子路宿於石門晨門曰（論語）　吳　鳩

縱明知作令無端已不覺役散吏之心期觸音塵於邂逅其向子路而振振有詞者晨門伊何人哉職亦與一人四人之列則欵關有客奚為獨致其流連而有心者忽不自禁止風塵擾擾此踪久已懸車而哀我憚人乃於途窮日暮之餘甫謀湊息塵中還堪托（文○情○欲○絶）外乎一萬目而不勝愴懷倏然以一語誌閲歷之感豈非有異言異服之譏則旅寓何常或且頻煩去慰[illegible]觸緒者顧別有在也行邁靡靡斯際良難投轄而馳於負擔弟從馬齊僕齊之會更剔（老妙）英流局中應亦銷聲耳一嘿攜而轉多心寫悄然以一言游象外之神斯非誠有意於宿者之為人而何迷怦怦有動也嗟乎縶維

莫賦方深逆旅之悲。而款洽未通頓有封人之請雖曰所職固然要以晨門非常人在子路亦陰識之矣惜哉其未登聖人之門而與子路輩共數晨夕也。然而奚自一問彼已料其從孔氏来也。

思抽響發言落龍流分其餘悲沾溉多人。昔太史公南游禹穴文中具有千歲萬壑此則直合山伯風流炙光幽艷而鑄之華底不得不嘆為神仙才有數也　張會僖

即就宿字中胚胎下意則一啓口問便覺語長情重學斎趙師稱為字字細緻如從岩上稱來同知三寸文体中不廢吟安孤詣　紀曉嵐

子路終身　一節　　數文徐　鎬武京

賢者有自足之心聖人深警之焉夫不進求夫所以為臧而第欲守以終身焉豈夫子獎由之意哉何臧一語警之乎正以進之也且學問無止境所貴有自强不息之心以持之而苟執一說以自畫則當境之品題反若悞後來之精進此其意非可易一說以相導也明示以前說之未為定評以陰折其自畫之心夫亦可廢然返矣不快兩言子雖為已臻於是道者羨之抑將以不止於是道者望之也何子路頗若將終身哉凡人於造詣所臻每不自知其深淺一句片言之提贈忽與生平之造詣相符則此之沾沾自

喜者幾不知此諸之果居何等也而中之挾持者深抑人於功脩
原不預計夫品評一自巫文之稱揚忽與夙昔之功脩相洽則此
意之隱隱難忘者若不料我學之果屬可嘉也而外之傾注者切
終身誦之由將謂是道之果足以藏哉且夫藏之等必以道為穩
而道之量不以藏而限得乎道之一諸而藏以名得乎道之全體
而藏亦名究之一諸者囿於道之偏何如全體者盡乎道之大也
由偏而至於大此誠足以藏也而不謂由之安於是也幾乎道之
貞定而藏以見幾乎道之渾化而藏愈見要之貞定者未泯乎藏
之迹何若渾化者已泯乎藏之形也由貞定而至渾化此誠足以

臧也而不謂由猶昧於是也子曰由誤矣由將終身爲是道中人
矣臧云乎哉蓋道中尚有無窮之等級安其故而自謂有餘者正
歷其新而彌形不足者也滌如由也貧雖能貞而未必超乎貧之
外守雖素定而未免遷乎守之中吾恐世俗內負一聲稱即聖賢
中多一扞格也可臧者正自在也而何必斤斤於是道與且是道
祇屬得半之功能自域焉而愧爲已憾者正屢遷焉而尚多負疚
者也瀏如由也境難困於當前今雖稍免其愆尤行第循夫故轍
後雖底乎純全吾恐日用間增一快境即性命內少一純脩也可
臧者正豈既也而何必拳拳於是道與由也得夫子之言進之其

西今三晚會課二刻　論語

子路終身一節（論語）　徐鎬（武京）

西泠三院會課二刻

庶幾乎不終身於是道也哉

看題融洽筆尤清警靈露原評

子路 徐

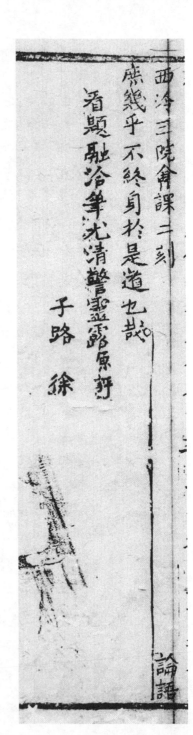

子路聞之喜　　康熙癸巳　向日貞

喜浮海者勇士憤世之心也夫子路何喜乎浮海之從也非憤世之心激而出之者哉嘗觀春秋之天下亂極而不可復治矣豈非（反擊喜字）聖人傷心之事哉乃不意聖人傷于心而為憤激之語者賢者聆之而快心焉其意見不大相左乎夫子浮海之歎而謂惟由可從（斷頓）此欲置理亂于不聞也非用世者所樂聞也此欲置民物于度外（出聞之字）也非有心者所忍聞也乃子路既已聞之聞之則必翻然曰夫子（四比俱反振喜字）而浮海也歟哉天下誰為利濟之人則其心悄然而悲聞之則必慨然曰由而從夫子浮海也歟哉宇內誰為共濟之侶則其心皇

然而混即不然而反焉覆焉躊躇而顧慮焉而必無所快于心又
不然而淡焉漠焉將信而將疑焉而必無所適于志而亦何至有
落之一念哉況子路之性剛剛則多慍而少喜故見南子則不悅
阨陳蔡則不悅赴公山之召則不悅聆正名之論則不悅亦何至
以夫子偶然之寄慨為孫黨快然之一日豈乃不意此日之子路
其意則欣欣然口雖不言也而其心則暢然而不自禁其致則愉
愉然跡雖未形也而其隱則躍然而不自持以是而言喜喜可知
矣是豈向之困于車塵馬跡者今將一息其勞瘁而喜耶是豈向
之馳于鞅掌風塵者今得一寬其手足而喜耶又豈以性不諫來

頭出落字　振動落字　比正講　以後四比俱虛摩

可追遺符乎接輿之意而喜耶抑豈以分五穀勤四體得免乎夫（思致不窮）
人之刺而喜耶獨是喜則喜矣而離志沉淪蒼生何賴怡情浩渺
吾道終窮子路于此其真有當于聖心也哉
辭源滾滾筆意涵涵尺幅中有海市蜃樓之象存筆臣

子路聞　向

子路聞之　過我

江南提學院歲
考海州學一名李宗白

有所感而喜焉聖心若與之俱遠矣夫子于桴也亦子路之憂所激而形焉者也豈真勇于浮海哉夫子豈真與其過我哉且夫與行憂時者聖賢相濟之心也顧毫矣且蕭然遐舉矣斯亦有心者所悲然傷矣而友引以為樂焉何也非樂也以風昔之感憤無聊有所觸而動焉者惟然而聖人之心至此爲茫然矣浮海之從去子豈真心之初由哉東周之願雖泐元公之夢猶存猶々數語徒增斯人之痛壁教誚益堅雖已之衰乃一旦數楫東流與子偕隱舉平昔之壯懷竟付之烟霞寂寞之濱也傷哉此行有不憂心如搗感激不須連者

哉何乎路則竟聞之喜也噫其喜也其憂也始感于心而彰于色者
也雖然用世之具籌之終身而不足適世之思發之崇朝而已餘豈
其（遺老好勇者之）三軍之行來逸而倦倦風塵與為臨河而嘆毋寧望洋而遁耶聊
其慨昇之情來繹而青青關河與為開津不得毋寧與波俱逝耶經
時矣手見之若驚然若疑然若有所不足而故為欣羨者然曰壯哉
由乎其真欲吾求乎一一生閱歷半傷虛擲我則悵矣嚮此之無術以
重此也重于今而棄名不處去而逃名天下其謂（奚）我（合）何也不謂由且
為我幼雛也哉遂以矣與世浮沉徐勞矣今我則需矣後此之無聊
將何底止也髮於今而濟世不能轉而忘世我其謂天下何也不謂由

覺為我前驅也由勝我矣好勇矣勇過我矣獨是箕山致足高也顧
求望我者也不可得者也而可為者心也吾之于天下何如也天下
之於吾何如也使書如由也之喜將樂發伊且當時若無此還途而
將鼓檣楫留於舟終滄溟咨嗟世其徜徉而自喜耶夫子念及此而
不無慨然也

曲徑幽谿烟雲杳靄來引入入勝原評

咬文情斐亹尤妙于前半即為下句地